传承中华文化精髓

建构国人精神家园

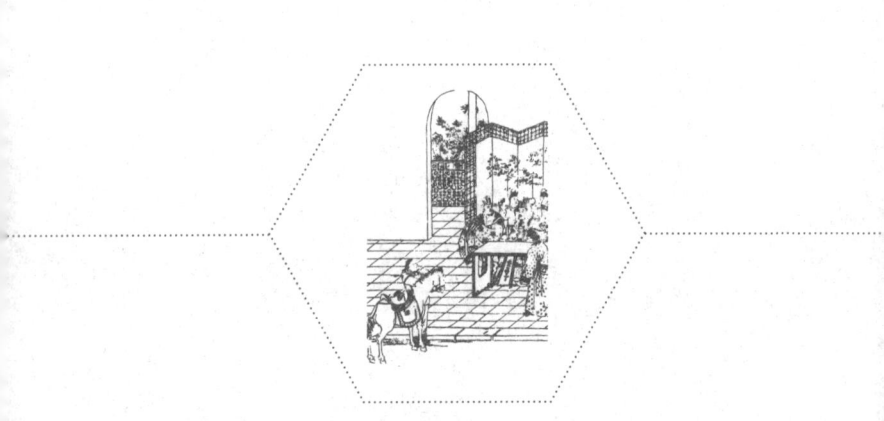

左 传

[春秋] 左丘明/著 吴茹芝/编译

天地出版社 | TIANDI PRESS

图书在版编目（CIP）数据

左传/（春秋）左丘明著; 吴茹芝编译. —成都: 天地出版社,
2022.2
（中华优秀传统文化经典随身读）
ISBN 978-7-5455-6611-6

Ⅰ.①左… Ⅱ.①左…②吴… Ⅲ.① 中国历史-春秋时代-编年体②《左传》-青少年读物 Ⅳ.①K225.04-49

中国版本图书馆CIP数据核字（2021）第204162号

ZUOZHUAN
左传

出 品 人	杨 政
作 者	［春秋］左丘明
编 译	吴茹芝
责任编辑	陈文龙
装帧设计	挺有文化
责任印制	王学锋

出版发行	天地出版社
	（成都市槐树街2号 邮政编码：610014）
	（北京市方庄芳群园3区3号 邮政编码：100078）
网 址	http://www.tiandiph.com
电子邮箱	tianditg@163.com
经 销	新华文轩出版传媒股份有限公司

印 刷	河北鹏润印刷有限公司
版 次	2022年2月第1版
印 次	2022年2月第1次印刷
开 本	830mm×1110mm 1/32
印 张	7
字 数	189千字
定 价	29.80元
书 号	ISBN 978-7-5455-6611-6

版权所有◆违者必究

咨询电话：(028) 87734639（总编室）
购书热线：(010) 67693207（营销中心）

如有印装错误，请与本社联系调换。

出版说明

中华民族历史悠久,源远流长。五千年的中华文明光辉灿烂,硕果累累,对后世产生了积极而深远的影响。作为华夏儿女,这是值得我们每一个人骄傲和自豪的。

中华优秀传统文化,是中华民族语言习惯、文化传统、思想观念、情感认同的集中体现,凝聚着中华民族普遍认同和广泛接受的道德规范、思想品格和价值取向,具有极为丰富的思想内涵。

习近平总书记指出,"中华优秀传统文化是我们最深厚的文化软实力,也是中国特色社会主义植根的文化沃土"。中华优秀传统文化,滋养了中华民族的民族精神,赋予了中华民族伟大的生命力和凝聚力,是中华文明成果的创造力源泉。继承和发展中华优秀传统文化,学习、掌握其中的各种思想精华,不仅对我们树立正确的世界观、人生观、价值观大有裨益,而且对我们处理各种社会事务也能提供有益的启发和指导。

为弘扬中华优秀传统文化，满足广大读者对优秀传统文化的阅读需求，我们编选了这套"中华优秀传统文化经典随身读"丛书。本丛书汇集经典的中华优秀传统文化名著，选目范围包括文学、历史、哲学、军事、教育等等，基本涵盖了传统文化的各个类别。

为便于广大读者对传统经典的学习和吸收，我们在编选过程中对古文原文采取了注释和翻译等处理方式，以消除阅读中的障碍。希望通过这套丛书，能让广大的读者对中华优秀传统文化有一个更好的认识和理解，在传承和发扬中华优秀传统文化的同时，也能使个体获得启迪和教益。

前 言

《左传》是中国古代的一部编年体历史著作，全称《春秋左氏传》，原名《左氏春秋》，汉代时又名《春秋左氏》《左氏》，汉代以后多称《左传》。它与《公羊传》《谷梁传》合称"春秋三传"。

《左传》相传是春秋末期的史官左丘明所著。司马迁、班固等人都认为《左传》是左丘明所写。唐朝的刘知几在《史通·六家》中说："《左传》家者，其先出于左丘明。"现在一般认为《左传》非一时一人所作，成书时间大约在战国中期，是由战国时的一些学者编撰而成的，其中主要部分可能是左丘明所写。

《左传》记叙了春秋时期自鲁隐公元年（前722年）至鲁哀公二十七年（前468年）共二百五十多年间各诸侯国的政治、经济、军事、外交等方面的历史事实，着重记叙当时诸侯列国之间的矛盾与斗争。作品比较真实地反映了当时的情况，它所记载的许多史事已经成为我国传统文化的重要组成部分。我国著名的史学泰斗顾颉刚先生说过：古史书至今，《左传》价值第一！

《左传》以《春秋》的记事为纲，增加了大量的历史事实和传说，叙述了丰富多彩的历史事件，描写了形形色色的历史人物，把《春秋》中的简短记事，发展成为完整的叙事散文。

《左传》虽是一部历史著作，却有较高的文学价值。首先，它有序地叙述复杂的历史事件，富有故事性、戏剧性，有紧张动人的情节；其次，它能通过典型事件、个性化的语言及细节描写，刻画出栩栩如生的人物形象；再次，它善于描写战事，特别注重叙述战争的起因，揭示决定战争胜负的各种因素，它既注意对宏大紧张的战斗场面的描述，也不忽视对局部生动的细节的描写，因而它所描述的战争既情节曲折、生动逼真，又头绪分明、井井有条；最后，它的语言具有精练、形象、表现力强的特点。《左传》开创了历史文学的先河，对后代传记文学，特别是司马迁的《史记》有很大影响。

本书编选时，有些篇目为了突出故事主线，做了适当删节。本书校点精当，并配以精美的插图，以达到图文并茂、生动形象的效果。此外，本书版式新颖，设计考究，双色印刷，装帧精美，除供广大读者阅读欣赏外，更具有极高的研究和收藏价值。

目 录

郑伯克段于鄢 …………… 001

周郑交质 ………………… 007

小白争国 ………………… 010

卫石碏大义灭亲 ………… 015

曹刿论战 ………………… 019

庆父不死,鲁难未已 …… 022

卫懿公好鹤 ……………… 027

齐桓公伐楚 ……………… 030

宫之奇谏假道 …………… 033

晋骊姬之乱 ……………… 037

宋襄图霸 …………… 042

秦晋韩之战 …………… 052

晋公子重耳之亡 …………… 062

晋文公勤王 …………… 074

鲁展喜犒齐师 …………… 079

晋楚城濮之战 …………… 081

烛之武退秦师 …………… 097

秦晋殽之战 …………… 100

宋昭之弑 …………… 107

晋灵公不君 …………… 112

宋及楚人平 …………… 117

齐晋鞌之战 …………… 122

楚归晋知罃 …………… 133

晋侯梦大厉 …………… 135

吕相绝秦 …………… 137

晋楚鄢陵之战 …………… 142

晋祁奚举贤 …………… 155

师旷论卫人出其君 …………… 157

伯州犁问囚 …………… 159

蔡声子论晋用楚材 …………… 161

吴季札观乐 …………… 166

郑子产相国 …………… 171

晏婴叔向论齐晋季世 …………… 183

伍员奔吴 …………… 187

晏婴论"和"与"同" …………… 191

鱄设诸刺吴王僚 …………… 194

申包胥如秦乞师 …………… 196

齐鲁夹谷之会 …………… 198

伍员谏许越平 …………… 201

楚白公之难 …………… 204

郑伯克段于鄢

【原文】

初,郑武公娶于申,曰武姜,生庄公及共叔段[1]。庄公寤生[2],惊姜氏,故名曰"寤生",遂恶之。爱共叔段,欲立之。亟请于武公[3],公弗许。

及庄公即位,为之请制[4]。公曰:"制,岩邑也,虢叔死焉。佗邑唯命[5]。"请京[6],使居之,谓之京城大叔。

祭仲曰:"都,城过百雉[7],国之害也。先王之制:大都,不过参国之一;中,五之一;小,九之一。今京不度[8],非制也,君将不堪。"公曰:"姜氏欲之,焉辟害?"对曰:"姜氏何厌之有?不如早为之所,无使滋蔓[9]!蔓,难图也。蔓草犹不可除,况君之宠弟乎?"公曰:"多行不义,必自毙,子姑待之[10]。"

【注释】

[1]共:指出奔国国名。段:为其名。
[2]寤(wù)生:指出生时足先出而头后出,即妇女难产。寤,同"牾"。
[3]亟请:多次请求。
[4]制:地名,在今河南荥阳。

〔5〕佗邑唯命：其他城邑当任其所请，无不唯命是听。

〔6〕京：地名，在今河南荥阳东南。

〔7〕城：城墙。雉：古代计算城墙面积的单位，高一丈、长三丈为一雉。

〔8〕不度：不合法度。

〔9〕滋蔓：滋长蔓延，比喻太叔势力将会不断扩张。

〔10〕姑：姑且。

【译文】

当初，郑武公娶了申国的女子为妻，名叫武姜。武姜生了庄公和共叔段。庄公是脚先头后出生的，这使姜氏受了惊吓，所以给他取名叫"寤生"，姜氏因此很讨厌他。姜氏喜爱共叔段，想立他为太子。她屡次向武公请求，武公不肯答应。

等到庄公继位为郑国国君，姜氏请求将制地作为共叔段的封邑。庄公说："制地是地势险峻之地，虢叔曾经死在那里。其他地方都可以听命。"姜氏又改请求封京城，让共叔段住在那里，大家称他为"京城太叔"。

祭仲说："凡属国都，城墙周围的长度超过三百丈，就会给国家带来危害。先王制定的制度：大的都城，不超过国都的三分之一；中等的，不超过五分之一；小的，不超过九分之一。现在京城的城墙不合法度，不是祖制所允许的，国君将忍受不了。"庄公说："姜氏要这样，哪里能避免祸害呢？"祭仲回答说："姜氏怎么会得到满足？不如早做打算，不要使其势力滋长蔓延。一旦蔓延就难以对付了。蔓延的野草尚且不能铲除掉，何况是国君您宠爱的弟弟呢？"庄公说："多行不义之事，必然自取灭亡。你姑且等着吧！"

【原文】

既而大叔命西鄙[1]、北鄙贰于己[2]。公子吕曰："国不堪贰,君将若之何?欲与大叔,臣请事之;若弗与,则请除之。无生民心。"公曰："无庸[3],将自及。"大叔又收贰以为己邑,至于廪延[4]。子封曰："可矣,厚将得众。"公曰："不义不昵[5],厚将崩。"

大叔完、聚,缮甲、兵,具卒乘[6],将袭郑。夫人将启之。公闻其期,曰:"可矣!"命子封帅车二百乘以伐京。京叛大叔段,段入于鄢,公伐诸鄢。五月辛丑,大叔出奔共。

书曰:"郑伯克段于鄢。"段不弟,故不言弟;如二君,故曰克;称郑伯,讥失教也;谓之郑志,不言出奔,难之也。

【注释】

〔1〕西鄙:西部的边邑。
〔2〕贰于己:指既听命于郑庄公,又听命于太叔自己。
〔3〕无庸:用不着。
〔4〕廪延:郑邑,在今河南延津。
〔5〕不义不昵:意指对君不义,对兄不亲。
〔6〕具卒乘:使步兵和车兵充实。卒,步兵。乘,车兵。

【译文】

不久,太叔命令西部和北部边境既听庄公的命令,又听自己的命令。公子吕说:"国家不能忍受这种两面听命的情况,您打算怎么办?您要把君位让给太叔,下臣就去侍奉他;如果不给,那就请除掉他。不要让老百姓产生其他想法。"庄公说:"用不着,他会自食其果。"

太叔又收取原来两属的地方作为自己的封邑,并扩大到廪延。子封（即公子吕）说："可以动手了。势力一大，将会争得民心。"庄公说："没有正义就不能号召人，势力虽大，反而会崩溃。"

太叔整治城郭，储备粮草，补充武器装备，充实步兵车兵，准备袭击郑国都城。姜氏则打算作为内应打开城门。庄公听到太叔起兵的日期，说："可以了。"就命令子封率领二百辆战车进攻京城。京城的人反对太叔，太叔逃到鄢地。庄公率兵又赶到鄢地进攻他。五月二十三日，太叔又逃到共国。

《春秋》说："郑伯克段于鄢。"太叔所作所为不像兄弟，所以不说"弟"字；兄弟相争，好像两个国君打仗一样，所以用"克"字；把庄公称为"郑伯"是讥刺他没有尽教诲之责；《春秋》这样记载就解释了郑国史书为何不说"出奔"，是因为史官很难直说。

【原文】

郑庄公　郑武公　颍考叔

遂置姜氏于城颍〔1〕，而誓之曰："不及黄泉，无相见也。"既而悔之。颍考叔为颍谷封人〔2〕，闻之，有献于公，公赐之食，食舍肉〔3〕。公问之，对曰："小人有母，皆尝小人之食矣，未尝君之羹，请以遗之。"公曰："尔有母遗，繄我独无〔4〕！"颍考叔曰："敢问何谓也？"公语之故，且告之悔。对曰：

"君何患焉？若阙地及泉，隧而相见，其谁曰不然？"公从之。公入而赋："大隧之中，其乐也融融[5]！"姜出而赋："大隧之外，其乐也泄泄[6]！"遂为母子如初。

君子曰："颍考叔，纯孝也，爱其母，施及庄公。《诗》曰：'孝子不匮，永锡尔类。'其是之谓乎！"

【注释】

[1] 城颍：地名。在今河南临颍。
[2] 封人：镇守边疆的官员。
[3] 食舍肉：吃饭时把肉放置一边不吃。
[4] 繄（yī）：发声词，无实义。
[5] 融融：和乐相得的样子。
[6] 泄（yì）泄：和乐舒畅的样子。

【译文】

郑庄公掘地见母

于是庄公就把姜氏安置在城颍，发誓说："不到黄泉不再相见。"不久以后庄公又后悔了。当时颍考叔在颍谷做边疆护卫长官，听到这件事，就献给庄公一些东西。庄公赏赐他食物。在吃的时候，他把肉留下不吃。庄公问他为什么，他说："我有母亲，我孝敬她的食物她都已尝过了，就是没有尝过您的肉汤，请让我带给她吃。"庄公说："你有母亲可送，我却没有！"颍考叔说："请问这是什么意思？"庄公就对他说明了原因，并且告诉他自己很后悔。颍考叔回答说："您有什么可忧虑的呢？如果挖地见到泉水，开一条隧道在里面相见，谁又会说不对呢？"庄公听了颍考叔的意见。庄公进了隧道，赋诗说："在大隧中相见，多么快乐啊！"姜氏走出隧道，赋诗："走出大隧外，多么舒畅啊。"于是母子像从前一样。

　　君子说："颍考叔可算是真正的孝子，爱他的母亲，扩大影响到庄公。《诗经》上说：'孝子的孝心没有穷尽，永远可以影响你的同类。'说的就是这样的事情吧！"

周郑交质

【原文】

三年春,王三月,壬戌,平王崩。赴以庚戌[1],故书之。

夏,君氏卒,声子也。不赴于诸侯,不反哭于寝,不祔[2]于姑,故不曰薨。不称夫人,故不言葬,不书姓。为公故,曰君氏。

【注释】

〔1〕赴:今作"讣",讣告。
〔2〕祔:奉新死者的神主入祖庙。

【译文】

鲁隐公三年春,周历三月二十四日,周平王死。讣告上写的是庚戌日,所以《春秋》也记载周平王去世那天为庚戌,即十二日。

夏季,君氏死,君氏就是声子。没有发讣告给诸侯,安葬后没有回到祖庙哭祭,没有把她的神主放在婆婆神主的旁边,所以《春秋》不称"薨"。又因为没有称过她为"夫人",所以不记载下葬的情况,也没有记载她的姓氏。只是因为她是隐公的生母,所以才称她为"君氏"。

【原文】

郑武公、庄公为平王卿士。王贰于虢，郑伯怨王，王曰："无之。"故周、郑交质[1]。王子狐为质于郑，郑公子忽为质于周。王崩，周人将畀虢公政[2]。四月，郑祭足帅师取温之麦[3]。秋，又取成周之禾[4]。周、郑交恶。

【注释】

[1]交质：相互为人质或抵押品。
[2]畀（bì）：给予，换予。
[3]温：周王畿内小国，在今河南温县。
[4]成周：在今河南洛阳。

【译文】

郑武公、郑庄公先后担任周平王的卿士。周平王暗中又将朝政分托给西虢公，郑庄公埋怨周平王，周平王说："没有这回事。"所以周王室、郑国交换人质。周王子狐在郑国做人质，郑国的公子忽在周王室做人质。周平王死后，周王室的人想把政权交给西虢公。四月，郑国的祭足带兵割取了温地的麦子。秋天，又割取了成周的谷子。周王室和郑国结仇。

周平王

【原文】

君子曰："信不由中，质无益也。明恕而

行,要之以礼,虽无有质,谁能间之?苟有明信,涧溪沼沚之毛[1],蘋蘩蕴藻之菜[2],筐筥锜釜之器[3],潢污行潦之水[4],可荐于鬼神[5],可羞于王公[6],而况君子结二国之信,行之以礼,又焉用质?《风》有《采蘩》《采蘋》,《雅》有《行苇》《泂酌》,昭忠信也。"

【注释】

〔1〕沼:池塘。沚:水中的小块陆地。毛:指生长在涧溪池塘边的杂草。

〔2〕蘋:浅水中生长的小草。蘩:白蒿,或泛指蒿草。蕴藻:水藻。

〔3〕筐筥:皆为竹编器具,当时称方者为筐,圆者为筥。锜釜:皆金属炊具,无足称釜,有足称锜。

〔4〕潢污:指积水。大者曰潢,小者曰污。行潦:流淌着的雨水。潦,雨水。

〔5〕荐:向鬼神进献物品,特指猪、牛、羊等祭品。

〔6〕羞:美味食品。

【译文】

君子说:"信任不是发自内心的,就是交换人质也无所补益。坦率、互谅地做事,再以礼法来约束,就算没有人质,又有谁能离间他们呢?如果能有开诚布公的信任,那些山涧、溪流、池塘、小洲的小草,那些浮萍、白蒿、水藻,那些形状各异的竹器、铜器,那些大大小小的积水,都可以作为信物进献给神灵,进献给王公。更何况君子们交结的是两国间的大信,是在依照礼法行事,又哪里用得上人质呢?《国风》中有《采蘩》《采蘋》,《大雅》中有《行苇》《泂酌》,这些诗歌都是在说明忠信之道啊。"

小白争国

【原文】

齐侯使连称、管至父戍葵丘，瓜时而往，曰："及瓜而代。"期戍，公问不至。请代，弗许。故谋作乱。僖公之母弟曰夷仲年，生公孙无知，有宠于僖公，衣服礼秩如适[1]。襄公绌之[2]。二人因之以作乱。连称有从妹在公宫，无宠，使间公，曰："捷，吾以女为夫人。"

【注释】

〔1〕礼秩：待遇等级。适：同"嫡"，正妻所生之子。
〔2〕绌：降低其待遇。

【译文】

齐襄公派连称、管至父驻守葵丘，他们是瓜熟时节去的。当时齐襄公约定说："到明年瓜熟的时候派人去替换你们。"防守了一年，却杳无音信，他们请求派人来代替，也未获批准。所以连称、管至父二人就策划谋反。齐僖公的同母兄弟叫夷仲年，生下公孙无知，深受僖公的宠爱，衣服礼仪的待遇等级和嫡子一般无二。齐襄公即位后降低了公孙无知的待遇，于是连称、管至父二人便利用公孙无知对齐襄公的不满，依靠着他发动叛乱。连称有个堂妹，在齐襄公的后宫，不受宠幸，就让她去监视齐襄公。公孙无知对她许诺说："事情成功，我就立你为君夫人。"

【原文】

冬十二月，齐侯游于姑棼，遂田于贝丘。见大豕，从者曰："公子彭生也。"公怒曰："彭生敢见！"射之，豕人立而啼。公惧，坠于车，伤足，丧屦。反，诛屦于徒人费。弗得，鞭之，见血。走出，遇贼于门，劫而束之。费曰："我奚御哉？"袒而示之背，信之。费请先入，伏公而出，斗，死于门中。石之纷如死于阶下。遂入，杀孟阳于床，曰："非君也，不类。"见公之足于户下，遂弑之，而立无知。

【译文】

鲁庄公八年冬季十二月，齐襄公视察姑棼（今山东博兴县境），顺便在贝丘打猎。看见一头大野猪，侍从说："这是公子彭生！"齐襄公很生气，说："彭生岂敢来见我！"便用箭射它。野猪竟像人一样站起来嚎叫。齐襄公大惊失色，从车上跌了下来，伤了脚，丢了鞋子。回去以后，向侍人费要鞋子。费找不到鞋子，齐襄公就鞭打他，打到流血。费从宫中出来，在宫门口遇上叛贼。叛贼把他劫走并捆了起来。费说："我刚挨过齐襄公的鞭子，怎么会抵抗你们？"便解开衣服，让他们看背上的伤，叛贼信以为真。费请求先进宫去刺探，他进宫后把齐襄公藏好，然后出去和叛贼搏斗，战死在宫门里。寺人石之纷如死在台阶下。叛贼冲进宫中，在床上杀死齐襄公的替身寺人孟阳，说："不是国君，样子不像。"他们发现齐襄公的脚露在门下面，就把齐襄公杀了，拥立公孙无知为国君。

【原文】

初,襄公立,无常[1]。鲍叔牙曰:"君使民慢,乱将作矣!"奉公子小白出奔莒。乱作,管夷吾、召忽奉公子纠来奔。初,公孙无知虐于雍廪。

【注释】

[1]无常:言行政令没有准则,使人不知所措。

【译文】

起初,齐襄公当国君之后,言行政令没有准则。鲍叔牙劝谏说:"国君的言行政令无常,使人民产生怠慢的心理,乱事不久将会发生。"便护送公子小白逃到莒国。不久祸乱发生,管夷吾、召忽二人便护卫公子纠逃往鲁国。起初,公孙无知对待大夫雍廪十分残暴。

【原文】

九年春,雍廪杀无知。公及齐大夫盟于蔇,齐无君也。夏,公伐齐,纳子纠。桓公自莒先入。秋,师及齐师战于乾时,我师败绩。公丧戎路,传乘而归[1]。秦子、梁子以公旗辟于下道[2],是以皆止[3]。

【注释】

[1]传乘而归:转乘轻车逃归。
[2]下道:小道。
[3]止:被俘获。

【译文】

鲁庄公九年春季,雍廪杀死公孙无知。鲁庄公和齐国的大夫在蔇地结盟,因为当时齐国没有国君。夏季,鲁庄公进攻齐国,准备护送公子纠回国即位。齐桓公,即公子小白从莒国抢先回到齐国。秋季,鲁军和齐军在乾时作战,鲁军大败。鲁庄公丢掉战车,乘坐轻车逃回。秦子、梁子打着鲁庄公的旗号躲在小道上吸引齐军注意力,都被齐军所俘。

鲁庄公乾时大战

【原文】

鲍叔帅师来言曰:"子纠,亲也,请君讨之。管、召,仇也[1],请受而甘心焉。"乃杀子纠于生窦[2],召忽死之。管仲请囚,鲍叔受之,及堂阜而税之[3]。归而以告曰:"管夷吾治于高傒,使相可也。"公从之。

【注释】

[1]管、召,仇也:管仲、召忽助公子纠,与桓公为敌,管仲曾射中小白带钩,故曰仇。仇,仇敌、仇人。

[2]生窦:鲁地,在今山东菏泽。

[3]堂阜:齐地,在今山东蒙阴。税之:指解去管仲之缚。税,同"脱"。

【译文】

鲍叔牙率领军队代表齐桓公来鲁国说:"公子纠是我们国君的亲人,我们国君不忍杀他,请您把他杀了。管仲、召忽,是我们国君的仇人,请把他们交给齐国我们才能甘心。"于是就在生窦把公子纠杀了,召忽自杀了。管仲请求把他押送回齐国,鲍叔牙接受请求,到了齐境堂阜就把管仲放了。回国后,鲍叔牙报告齐桓公说:"管仲治国的才能超过高傒,可以让他辅助您。"齐桓公同意了。

卫石碏大义灭亲

【原文】

卫庄公娶于齐东宫得臣之妹，曰庄姜，美而无子，卫人所为赋《硕人》也。又娶于陈，曰厉妫，生孝伯，早死。其娣戴妫生桓公，庄姜以为己子。

【译文】

卫庄公娶了齐国太子得臣的妹妹，名叫庄姜。庄姜漂亮却没有生孩子，卫国人因此为她创作了《硕人》这首诗。卫庄公又从陈国娶了一个女子，名叫厉妫，生了孝伯，很小就死了。跟厉妫陪嫁来的妹妹戴妫，生了桓公，庄姜就把他作为自己的儿子。

【原文】

公子州吁，嬖人之子也，有宠而好兵，公弗禁，庄姜恶之。石碏谏曰："臣闻爱子，教之以义方，弗纳于邪。骄奢淫泆，所自邪也。四者之来，宠禄过也。将立州吁，乃定之矣；若犹未也，阶之为祸。夫宠而不骄，骄而能降，降而不憾，憾而能眕者鲜矣[1]。且夫贱妨贵，少陵长，远间亲，新间旧，小加大，淫破义，所谓六逆也。君义臣行，父慈子孝，兄爱弟敬，所谓六顺也。去顺效逆，所以速祸也。君人者将祸是务去，而速之,无乃不可乎?"弗听。其子厚与州吁游,禁之,不可。桓公立,乃老。

【注释】

〔1〕眕(zhěn):《说文》:"目有所恨而止也。"即心中愤恨而能克制。

【译文】

公子州吁,是卫庄公宠妾的儿子,受到卫庄公的宠爱,喜好武事,卫庄公未加禁止。庄姜很讨厌州吁。石碏规劝卫庄公说:"我听说喜欢自己的儿子,应当以道义去教育他,不要使他走上邪路。骄傲、奢侈、放荡、逸乐,这是走上邪路的开始。这四种恶习之所以发生,是由于宠爱太过分。如果准备立州吁为太子,那就定下来;如果还不定下来,会逐渐酿成祸乱。那种受宠而不骄横,骄傲而能安于下位,地位在下而不怨恨,怨恨而能克制的人,是很少的。而且低贱妨害尊贵,年少欺凌年长,疏远离间亲近,新人离间旧人,小人欺凌君子,淫欲破坏道义,这就是六种违理的事。国君行事得宜,臣子服从命令,父亲慈爱,儿子孝顺,兄爱弟,弟敬兄,这就是六种顺理的事。背离顺理的事而效法违理的事,这就会很快招致祸害。作为君主,应该尽力除掉祸害,现在却加速它的到来,恐怕不可以吧!"卫庄公不听劝告。石碏的儿子石厚和州吁交往,石碏禁止,但禁止不住。卫桓公即位时,石碏就告老退休了。

【原文】

四年春,卫州吁弑桓公而立。……

州吁未能和其民,厚问定君于石子[1]。石子曰:"王觐为可[2]。"曰:"何以得觐?"曰:"陈桓公方有宠于王,陈、卫方睦，若朝陈使请，必可得也。"厚从州吁如陈。石碏使告于陈曰："卫国褊小，老夫耄矣，无能为也。此二人者，实弑寡君，敢即图之。"陈人执之，而请莅于卫。九月，卫人使右宰丑莅杀州吁于濮[3]，石碏使其宰獳羊肩莅杀石厚于陈。

【注释】

〔1〕定君：使君位得以稳定的方法。

〔2〕王觐：觐王，朝见周天子。

〔3〕右宰：卫国官名。

【译文】

鲁隐公四年春，卫国的州吁杀死卫桓公而自立为国君。……

州吁不能安定他的百姓。石厚向石碏询问安定君位的办法。石碏说："朝觐周天子就可以取得合法地位。"石厚说："如何才能去朝觐呢？"石碏说："陈桓公正受到天子的宠信。现在陈、卫两国互相和睦，如果朝见陈桓公，让他代为请求，就一定可达目的。"于是石厚就跟随州吁到了陈国。石碏派人告诉陈国说："卫国地方小，我老头子年纪大了，不能做什么事了。这两个人，确实杀死了我国君主，请您趁此机会抓住他们。"陈国人把这两个人抓住，

卫石碏大义灭亲

而请卫国派人来陈国处理。九月，卫国人派右宰丑在陈国的濮地杀了州吁，石碏派他的管家獳羊肩在陈国杀了石厚。

【原文】

君子曰："石碏，纯臣也[1]，恶州吁而厚与焉。'大义灭亲'，其是之谓乎！"

【注释】

［1］纯臣：忠臣。

【译文】

君子说："石碏真是个忠臣。讨厌州吁，同时连儿子石厚一起处置。'大义灭亲'说的就是这样的情况吧！"

曹刿论战

【原文】

十年春,齐师伐我。公将战,曹刿请见[1]。其乡人曰:"肉食者谋之[2],又何间焉。"刿曰:"肉食者鄙[3],未能远谋。"乃入见。

【注释】

〔1〕曹刿:鲁人,出身低微,有智谋,长勺之战中协助鲁庄公打败强齐,创造了以弱胜强的典型战例。
〔2〕肉食者:指在位的贵族。
〔3〕鄙:固陋无智谋。

【译文】

鲁庄公十年春季,齐国的军队攻打鲁国。庄公准备迎战。曹刿请求进见。他的同乡人说:"那些掌权的人在那里谋划,你又去参与什么!"曹刿说:"掌权的人鄙陋不通,不能作长远考虑。"于是入宫进见庄公。

【原文】

问何以战。公曰:"衣食所安,弗敢专也,必以分人。"

对曰："小惠未遍，民弗从也。"公曰："牺牲玉帛，弗敢加也，必以信。"对曰："小信未孚，神弗福也。"公曰："小大之狱，虽不能察，必以情。"对曰："忠之属也，可以一战，战则请从。"

【译文】

曹刿问庄公："您凭什么来与齐国作战？"庄公说："暖衣饱食，不敢独自享受，一定分给别人。"曹刿回答说："小恩小惠不能周遍，百姓不会服从的。"庄公说："祭祀用的牛羊玉帛，不敢擅自增加，祝史的祷告一定反映实情。"曹刿回答说："一念之诚也不能代表一切，神明不会降福的。"庄公说："大大小小的案件，虽然不能完全洞察，但必定合情合理去办。"曹刿回答说："这是为百姓尽力的一种表现，可以凭这个打一下。如果打起来，请让我跟着去。"

【原文】

公与之乘。战于长勺。公将鼓之。刿曰："未可。"齐人三鼓，刿曰："可矣。"齐师败绩。公将驰之，刿曰："未可。"下视其辙[1]，登轼而望之[2]，曰："可矣。"遂逐其师。

【注释】

[1] 辙：车轮留下的痕迹。
[2] 轼：车前之横木，站在上面可以望到远方。

【译文】

庄公和曹刿同乘一辆兵车，与齐军在长勺展开战斗。庄公准备击鼓。曹刿说："还不行。"齐人三通鼓罢，曹刿说："可以了。"齐军大败。庄公准备追上去。曹刿说:"还不行。"说完下车,细看齐军的车辙,然后登上车前横木远望,说:"行了。"就追击齐军。

【原文】

既克,公问其故。对曰:"夫战,勇气也。一鼓作气,再而衰,三而竭。彼竭我盈,故克之。夫大国难测也,惧有伏焉。吾视其辙乱,望其旗靡[1],故逐之。"

【注释】

〔1〕靡:偃倒。

【译文】

战胜以后,庄公问曹刿取胜的缘故。曹刿回答:"作战全凭勇气。第一通鼓振奋勇气,第二通鼓勇气就少了一些,第三通鼓勇气就没有了。他们的勇气没有了,而我们的勇气刚刚振奋,所以战胜了他们。大国的情况难以捉摸,恐有埋伏。我细看他们的车辙已经乱了,远望他们的旗子已经倒下,所以才追逐他们。"

庆父不死，鲁难未已

【原文】

初，公筑台临党氏，见孟任，从之。閟[1]。而以夫人言，许之，割臂盟公，生子般焉。雩[2]，于梁氏，女公子观之。圉人荦自墙外与之戏[3]。子般怒，使鞭之。公曰："不如杀之，是不可鞭。荦有力焉，能投盖于稷门[4]。"

【注释】

〔1〕閟（bì）：闭门也。
〔2〕雩（yú）：一种求雨的祭祀活动。
〔3〕圉人：养马者。
〔4〕盖：借为"盇"，门扇也。

【译文】

当初，庄公建造高台，可以看到党家，在台上望见党氏的大女儿孟任，就跟着她走。孟任闭门拒绝。庄公答应立她为夫人，她答应了，割破手臂和庄公盟誓，后来就生了子般。一次求雨的祭祀活动，事先在梁家演习，庄公的女儿观看演习，圉人荦从墙外调戏她。子般发怒，让人鞭打荦。庄公说："不如杀掉他，这个人不能鞭打。他很有力气，能把稷门的门扇扔出去。"

庆父不死,鲁难未已

【原文】

公疾,问后于叔牙。对曰:"庆父材。"问于季友,对曰:"臣以死奉般。"公曰:"乡者[1]牙曰庆父材。"成季使以君命命僖叔,待于鍼巫氏,使鍼季鸩之。曰:"饮此,则有后于鲁国;不然,死且无后。"饮之,归,及逵泉而卒,立叔孙氏。

【注释】

〔1〕乡者:片刻前,刚才。乡,通"晌"。

【译文】

庄公病重,向叔牙询问该立谁做继承人。叔牙回答说:"庆父有才能。"庄公又征询季友的意见,季友回答说:"臣尽死力来侍奉子般。"庄公说:"刚才叔牙说'庆父有才能'。"季友就派人以国君的名义让叔牙在鍼巫家里等待,让鍼巫用毒酒毒死叔牙,说:"喝了这个,你的后代在鲁国还可以享有禄位;否则,你不但死了,而且没有后代了。"叔牙喝了毒酒,回家时走到逵泉就死去了。鲁国立他的后人为叔孙氏。

【原文】

八月癸亥,公薨于路寝。子般即位,次于党氏。冬十月己未,共仲使圉人荦贼子般于党氏。成季奔陈。立闵公。

秋八月,公及齐侯盟于落姑[1],请复季友也。齐侯许之,使召诸陈,公次于郎以待之。"季子来归"。嘉之也。

【注释】

〔1〕落姑:齐地。

【译文】

鲁庄公三十二年八月初五，鲁庄公在路寝去世。子般即位，住在党氏家里。冬十月初二，共仲（即庆父）派圉人荦在党家刺死子般。季友逃亡到陈国。立闵公为国君。

闵公元年秋八月，闵公和齐桓公在落姑结盟，请求齐桓公帮助季友回国。齐桓公答应闵公的请求，派人从陈国召回季友，闵公驻扎在郎地等候他。《春秋》记载说"季子回到国内"，称"季子"，这是赞美季友。

【原文】

冬，齐仲孙湫来省难，书曰"仲孙"，亦嘉之也。

仲孙归，曰："不去庆父，鲁难未已。"公曰："若之何而去之？"对曰："难不已，将自毙，君其待之。"公曰："鲁可取乎？"对曰："不可。犹秉周礼[1]。周礼，所以本也。臣闻之，国将亡，本必先颠，而后枝叶从之。鲁不弃周礼，未可动也。君其务宁鲁难而亲之。亲有礼，因重固[2]，间携贰[3]，覆昏乱，霸王之器也。"

【注释】

［1］秉周礼：遵行周礼。
［2］因重固：依靠厚重稳固之国。
［3］间携贰：离间上下离心之国。

【译文】

冬季，齐国的仲孙湫来我国，为去年的祸乱向我们表示慰问，《春秋》称之为"仲孙"，也是对他表示赞美。

仲孙湫回国说："不除掉庆父，鲁国就不会太平。"齐桓

庆父不死，鲁难未已

公说："怎样才能除掉他？"仲孙回答说："祸难不完，将会自取灭亡，您就等着吧！"齐桓公说："我们能吞并鲁国吗？"仲孙湫说："不行。他们还遵行周礼。周礼，是立国的根本。下臣听说，国家将要灭亡，如同大树，躯干必然先行倒下，然后枝叶才随着落下。鲁国不抛弃周礼，是不能动它的。您应当帮鲁国平灭国内的暴乱，并且亲近它。亲近有礼仪的国家，依靠稳定坚固的国家，离间内部涣散的国家，灭亡昏暗动乱的国家，这样才能称霸称王。"

公子友两定鲁君

【原文】

初，公傅夺卜齮田，公不禁。秋八月辛丑，共仲使卜齮贼公于武闱。成季以僖公适邾。共仲奔莒，乃入，立之。以赂求共仲于莒，莒人归之。及密，使公子鱼请。不许，哭而往。共仲曰："奚斯之声也！"乃缢。

【译文】

当初，闵公的老师强占鲁大夫卜齮的田地，闵公并未禁止。秋季八月二十四日，共仲派卜齮在武闱杀掉闵公。季友带着僖公逃往邾国。共仲逃到莒国后，季友和僖公才返回鲁国，立僖公为国君。鲁人用财货向莒国求取共仲，莒国把共仲送回鲁国。共仲到达密地后，让公子鱼请求季友赦免他。未被允许，公子鱼哭着回去。共仲说："这是公子鱼的哭声啊，我活不成了！"于是上吊死了。

【原文】

闵公，哀姜之娣叔姜之子也，故齐人立之。共仲通于哀姜，哀姜欲立之。闵公之死也，哀姜与知之，故孙于邾[1]。齐人取而杀之于夷，以其尸归，僖公请而葬之。

【注释】

[1]孙：通"逊"，逃亡。

【译文】

闵公是哀姜的妹妹叔姜的儿子，所以齐人才拥立他为鲁君。共仲和哀姜通奸，哀姜想立共仲为国君。闵公被刺身亡，哀姜事先就知道内情，所以事发后逃奔到邾国。后来齐人向邾国要回哀姜，在夷地杀了她，把尸体运回齐国，僖公请求归还尸体予以安葬。

卫懿公好鹤

【原文】

冬十二月，狄人伐卫。卫懿公好鹤，鹤有乘轩者。将战，国人受甲者皆曰："使鹤！鹤实有禄位，余焉能战？"公与石祁子玦，与宁庄子矢，使守，曰："以此赞国，择利而为之。"与夫人绣衣，曰："听于二子。"渠孔御戎，子伯为右，黄夷前驱，孔婴齐殿。及狄人战于荥泽，卫师败绩，遂灭卫。卫侯不去其旗，是以甚败。狄人囚史华龙滑与礼孔，以逐卫人。二人曰："我，大史也，实掌其祭。不先，国不可得也。"乃先之。至，则告守曰："不可待也。"夜与国人出。狄入卫，遂从之，又败诸河。

【译文】

鲁闵公二年冬季十二月，狄人攻伐卫国。卫懿公喜欢鹤，有时还让他养的鹤坐大夫的车子。卫军要跟狄人作战了，奉命迎敌的人都说："让鹤替你去杀敌吧！鹤实际上享有俸禄官位，我们没有禄位哪里能作战？"卫懿公把玉玦交给石祁子，表示要他决断国事，把箭交给宁庄子，表示要他誓死卫国，派他们防守，说："用这两件信物执掌国政，只要有利于国，尽可便宜行事。"卫懿公又把绣衣交给夫人，说："听从石祁子和宁

卫懿公好鹤亡国

庄子二人。"渠孔为卫懿公驾着战车,子伯做车右,黄夷为先锋,孔婴齐做殿军。和狄人在荥泽交战,卫军大败,狄人便灭掉了卫国。在作战中,卫懿公不肯丢掉自己的旗帜,被狄人视为攻击目标,所以惨败。狄人囚禁了史官华龙滑和礼孔,带着他们去追逐卫军。这两个人说:"我们是卫国的太史官,掌管祭祀。不让我们先回去,你们就得不到卫国的国都。"于是狄人让他们先回去了。他们到了国都,告诉守城的人说:"抵抗不住了,快跑吧。"他们在夜里跟国都城内的人一起出城逃走。狄人进入卫国国都,紧跟着追击卫军,又在黄河边上打败了卫军。

【原文】

初,惠公之即位也少,齐人使昭伯烝于宣姜。不可,强之。生齐子、戴公、文公、宋桓夫人、许穆夫人。文公为卫之多患也,先适齐。及败,宋桓公逆诸河,宵济[1]。卫之遗民男女七百有三十人,益之以共、滕之民为五千人。立戴公以庐于曹。许穆夫人赋《载驰》。齐侯使公子无亏帅车三百乘、甲士三千人以戍曹。归公乘马,祭服五称,牛、羊、豕、鸡、狗皆三百,与门材;归夫人鱼轩,重锦三十两。

【注释】

〔1〕宵济:夜里渡过黄河。

卫懿公好鹤

【译文】

当年,卫惠公即位的时候还很年轻,齐人让卫惠公的庶兄昭伯和宣姜通婚。昭伯不同意,齐人强迫他接受。于是生下齐子、戴公、文公、宋桓夫人、许穆夫人。文公因为觉得卫国经常发生祸患,在狄人入侵前先到了齐国。等到卫国战败,宋桓公在黄河岸边迎接卫国遗民,夜间渡河。卫国的遗民男女共计七百三十人,加上共地、滕地的百姓共有五千人。他们拥立戴公为国君,让他暂时寄住在曹邑。许穆夫人为此作了《载驰》这首诗。齐桓公派公子无亏率领战车三百辆、甲士三千人守卫曹邑。赠送给戴公乘车用的马匹,祭服五套,牛、羊、猪、鸡、狗各三百,以及做门用的木材;还赠给戴公夫人用鱼皮装饰的车子,熟细锦三十匹。

齐桓公伐楚

【原文】

四年春,齐侯以诸侯之师侵蔡。蔡溃,遂伐楚。

【译文】

鲁僖公四年春季,齐桓公率领各诸侯的联军侵入蔡国。蔡军大败而溃散,于是齐桓公接着去攻伐楚国。

【原文】

楚子使与师言曰:"君处北海,寡人处南海,唯是风马牛不相及也。不虞君之涉吾地也[1],何故?"管仲对曰:"昔召康公命我先君大公曰:'五侯九伯,女实征之,以夹辅周室。'赐我先君履[2]:东至于海,西至于河,南至于穆陵,北至于无棣。尔贡包茅不入[3],王祭不共,无以缩酒,寡人是征;昭王南征而不复,寡人是问。"对曰:"贡之不入,寡君之罪也,敢不共给?昭王之不复,君其问诸水滨。"师进,次于陉[4]。

【注释】

〔1〕不虞:未料到。
〔2〕履:谓所践履之疆界,指可征伐之范围。

〔3〕包茅:楚国向周王进贡的一种土特产,用来滤酒。

〔4〕次:驻扎。

齐桓公

【译文】

楚成王派使者来到诸侯联军中说:"您住在北方,我们住在南方,相隔遥远,即使发情的牛马狂奔相诱也不能彼此到达。可是没有料到您竟然领兵进入我国,这是什么缘故?"管仲回答说:"从前召康公命令我们的先君太公说:'五侯和九伯,你都可以发兵征讨,以便共同辅佐王室!'赐给我们先君征讨的范围:东到大海,西到黄河,南到穆陵,北到无棣。你应该进贡王室的包茅还没有送去,使天子的祭祀缺乏物品,不能滤酒祭神,我为此前来追究。昭王南征到楚国没有回去,我为此前来责问!"使者回答说:"贡品没有送上,这是我国国君的罪过,岂敢不供给?至于昭王没有回去的事,您还是去问汉水边的人吧!"诸侯的军队继续前进,屯兵在楚国的陉地。

【原文】

夏,楚子使屈完如师,师退,次于召陵。

齐侯陈诸侯之师,与屈完乘而观之。齐侯曰:"岂不榖是为[1]?先君之好是继。与不榖同好如何?"对曰:"君惠徼福于敝邑之社稷[2],辱收寡君,寡君之愿也。"齐侯曰:"以此众战,谁能御之?以此攻城,何城不克?"对曰:"君若以德绥诸侯,谁敢不服?君若以力,楚国方城以为城,汉水以为池,虽众,无所用之!"

齐桓公伐楚

【注释】

〔1〕不穀：不善，为诸侯自谦之词。

〔2〕徼：同"邀"，谋求。

【译文】

鲁僖公四年夏天，楚成王派遣屈完到诸侯军驻地。诸侯军队撤退，驻扎在召陵。

齐桓公将所率领的军队排列成阵势，然后和屈完同乘一辆兵车观看。齐桓公说："诸侯发兵难道是为了我一个人吗？先君的友好关系应该继续保持，我们两国重修旧好怎么样？"屈完回答说："您惠临敝国谋求福祉，安抚我君，这正是我君所希望的。"齐桓公说："用这样的军队作战，谁能抵抗他们？用这样的军队攻城，什么城攻打不下？"屈完回答说："您如果用德义安抚诸侯，谁敢不服从？如果用武力，楚国有方城山作为城墙，有汉水作为护城河，您的军队虽然众多，也没有什么地方能够用得上！"

【原文】

屈完及诸侯盟。

【译文】

屈完代表楚国和各诸侯订立了盟约。

宫之奇谏假道

【原文】

晋荀息请以屈产之乘与垂棘之璧，假道于虞以伐虢。公曰："是吾宝也。"对曰："若得道于虞，犹外府也。"公曰："宫之奇存焉。"对曰："宫之奇之为人也，懦而不能强谏。且少长于君，君昵之[1]。虽谏，将不听。"乃使荀息假道于虞，曰："冀为不道，入自颠軨，伐鄍三门。冀之既病，则亦唯君故。今虢为不道，保于逆旅[2]，以侵敝邑之南鄙。敢请假道，以请罪于虢。"虞公许之，且请先伐虢。宫之奇谏。不听，遂起师。夏，晋里克、荀息帅师会虞师伐虢，灭下阳。

【注释】

〔1〕昵：亲近。
〔2〕逆旅：客舍。

【译文】

（鲁僖公二年）晋大夫荀息请求用屈地所产的名马和垂棘出产的美玉，向虞国借路去攻打虢国。晋献公说："这些是晋国的宝物啊。"荀息回答说："假如从虞国借到路，宝物放在虞国，就如同放在晋国的外库一样。"晋献公说："有名臣宫之奇在那里，怕不能如愿吧。"荀息回答说："宫之奇的为人，懦弱而不能坚决进谏，而且从小就和虞君一起在宫中长大，虞君很亲近他，即使进谏，虞君也不会听从。"于是晋献公派荀息到虞国去借路，说："从前冀国不讲道义，由颠軨入侵你们虞国，攻打鄍邑的三面城门。晋国伐冀使冀国受到损伤，完全是为了给君王复仇。如今虢国也不讲道义，在客舍修筑堡垒，以侵占我晋的南部边境。谨请求贵国借我们一条进兵之路，以便前往虢国兴师问罪。"虞公答应了，并且请求自己先行攻打虢国。宫之奇劝谏。虞公不接受，便出兵伐虢。夏天，晋国的里克、荀息率兵会合虞军，共同攻打虢国，灭亡了虢邑下阳。

【原文】

晋侯复假道于虞以伐虢。宫之奇谏曰："虢，虞之表也。虢亡，虞必从之。晋不可启，寇不可玩[1]。一之谓甚，其可再乎？谚所谓'辅车相依，唇亡齿寒'者，其虞、虢之谓也。"公曰："晋，吾宗也，岂害我哉？"对曰："大伯、虞仲，大王之昭也。大伯不从，是以不嗣。虢仲、虢叔，王季之穆也；为文王卿士，勋在王室，藏于盟府。将虢是灭，何爱于虞？且虞能亲于桓、庄乎？其爱之也，桓、庄之族何罪？而以为戮，不唯逼乎？亲以宠逼，犹尚害之，况以国乎？"公曰："吾享祀丰洁，神必据我[2]。"对曰："臣闻之：鬼神非人实亲，惟德是依。故《周书》曰：'皇天无亲，惟德是辅。'又曰：'黍稷非馨，明德惟馨。'又曰：'民不易物，惟德繄物。'如是，则非德，民不和、神不享矣。神所冯依[3]，将在德矣。若晋取虞，而明德以荐馨香，神其吐之乎？"弗听，许晋使。宫之奇以其族行，曰："虞不腊矣[4]！在此行也，晋不更举矣。"

【注释】

〔1〕玩：忽视。
〔2〕据：依靠，此指保护。
〔3〕冯依：凭借。冯，同"凭"。
〔4〕腊：岁终大祭之名。

【译文】

（鲁僖公五年秋）晋献公再次向虞国借路去攻打虢国。宫之奇劝谏说："虢国是虞国的外围。假如虢国灭亡，虞国也必然跟着灭亡。晋国的野心不能启发，晋国军队不可忽视。一次借路已经有些过分，难道还可以借第二次吗？俗话讲的'辅和车互相依存，嘴唇没有了，牙齿就会感到寒冷'，说的就是虞国和虢国的关系。"虞公说："晋国是我的同宗，难道还会害我吗？"宫之奇回答说："太伯、虞仲，是周太王的儿子，太伯不跟随在侧，所以没有嗣位。虢仲、虢叔，是王季的儿子，他们都做过文王的卿士，对王室有功绩，受勋的记录藏在盟府。如今晋国将要灭掉虢国，对虞国又怎么会爱惜呢？况且，虞国跟晋国的关系能比桓叔、庄伯更为亲近吗？如果晋国国君爱惜亲族的话，那么桓叔、庄伯的族人有什么罪过？但却被杀戮，不就是因为他们使晋国国君感到了威胁吗？亲近的宗族由于受

假虞灭虢

宠而有威胁，尚且杀害了他们，何况我们国家呢？"虞公说："我祭祀用的祭品丰盛洁净，神灵必定保护我。"宫之奇回答说："下臣听说，鬼神不亲近任何人，而只依从德行。所以《周书》说：'上天没有私亲，它只帮助有德行的人。'又说：'祭祀的黍稷不芳香，美德才芳香。'又说：'百姓不能改变祭物，只有德行能当作祭物。'这样说来，不是德行，百姓就不和顺，神灵也就不愿享用了。神灵所凭的，就在于德行。假如晋国取得了虞国，再发扬美德，用芳香的祭物去供奉神灵，神灵难道会吐出来吗？"虞公不听，答应了晋献公使者的要求。宫之奇带领着他的家族出走，说："虞国今年举行不了腊祭了！晋国在这一次就可成功，不用再另外出兵了。"

【原文】

冬十二月丙子朔，晋灭虢。虢公丑奔京师。师还，馆于虞。遂袭虞，灭之。执虞公及其大夫井伯，以媵秦穆姬。而修虞祀，且归其职贡于王。

【译文】

鲁僖公五年冬季，十二月初一，晋国灭掉虢国。虢公丑逃奔到周朝都城。晋军回国途中，驻扎在虞国，就趁机袭击虞国，灭掉了它。俘虏了虞公和大夫井伯，将其作为秦穆姬的陪嫁随从。从此晋国代表虞国祭祀原虞国境内山川的神，并且把虞国的贡纳奉献给周王室。

晋骊姬之乱

【原文】

初，晋献公欲以骊姬为夫人，卜之，不吉；筮之，吉。公曰："从筮。"卜人曰："筮短龟长，不如从长。且其繇曰[1]：'专之渝，攘公之羭[2]。一薰一莸，十年尚犹有臭。'必不可！"弗听，立之。生奚齐。其娣生卓子。

【注释】

[1]繇：用龟甲占卜所得之兆词。
[2]羭（yú）：美也。

【译文】

早年，晋献公想立骊姬为夫人，占卜，不吉利；占筮，吉利。晋献公说："按占筮的结果做吧！"卜人说："依通常惯例，占筮常不灵验，占卜常常灵验，不如依照灵验的。况且它的兆词说：'专宠会发生变乱，那将有损您的美名。香草和臭草放在一起，十年以后还会有臭气。'一定不能按照占筮的结果去做！"献公不听，立骊姬为夫人。骊姬生下奚齐。她的妹妹生了卓子。

【原文】

及将立奚齐，既与中大夫成谋。姬谓大子曰："君梦齐姜，必速祭之！"大子祭于曲沃，归胙于公。公田，姬置诸宫六日。公至，毒而献之。公祭之地，地坟[1]；与犬，犬毙；与小臣，小臣亦毙。姬泣曰："贼由大子！"大子奔新城。公杀其傅杜原款。

【注释】

[1]地坟：地面隆起如坟。

【译文】

等到晋公准备立奚齐为太子时，骊姬已经和中大夫定下了计谋。骊姬对太子申生说："国君梦见你母亲齐姜，你一定要赶快去祭祀她。"太子到曲沃去祭祀，把祭肉带回给晋献公。当时晋献公正在外面打猎，骊姬把祭肉放在宫里六天。晋献公回来后，骊姬在肉中放上毒药献了上去。晋献公将肉放在地上，地面立即凸起；把肉给狗吃，狗当场死掉；给侍臣吃，侍臣也死了。骊姬哭着说："阴谋是从太子那里来的！"太子申生逃往新城，晋献公杀了他的老师杜原款。

【原文】

或谓大子："子辞，君必辩焉。"大子曰："君非姬氏，居不安，食不饱。我辞，姬必有罪。君老矣，吾又不乐。"曰："子其行乎？"大子曰："君实不察其罪。被此名也以出，人谁纳我？"十二月戊申，缢于新城。

姬遂谮二公子曰："皆知之。"重耳奔蒲，夷吾奔屈。

【译文】

有人对太子说:"您如果声辩,国君一定会弄明白真相。"太子说:"国君没有骊姬,就吃不好,睡不好。我如果声辩,骊姬必定有罪。国君年事已高,骊姬有罪他会陷入痛苦,我也不可能高兴。"那人说:"那么你将逃走吗?"太子说:"国君既然没能明察我无罪,带着这个名声出去,谁会接受我?"鲁僖公四年十二月二十七日,太子在新城自尽。

骊姬又诬陷另外两位公子说:"太子的阴谋,他们也都参与了。"于是重耳逃往蒲城,夷吾逃往屈城。

【原文】

初,晋侯使士蒍为二公子筑蒲与屈,不慎,置薪焉。夷吾诉之。公使让之,士蒍稽首而对曰:"臣闻之:'无丧而戚,忧必仇焉。无戎而城,仇必保焉。'寇仇之保,又何慎焉?守官废命,不敬;固仇之保,不忠。失忠与敬,何以事君?《诗》云:'怀德惟宁,宗子惟城。'君其修德而固宗子,何城如之?三年将寻师焉,焉用慎?"退而赋曰:"狐裘龙茸,一国三公,吾谁适从?"

【译文】

当初,晋献公派士蒍替二位公子在蒲和屈两邑筑城,不小心,在墙里放进了木柴。夷吾向晋献公报告了这件事。晋献公派人责备士蒍。士蒍叩头回答说:"臣听说过:'没有丧事而悲伤,忧愁就会随之而来。没有战事而筑城,反而为内部的敌人凭借据守。'敌人可以占据的地方,又有什么值得谨慎的呢?身在官位,而不接受君命,这是对君的不敬;如果为仇敌修筑坚固的城池,这是对国家的不忠。失去忠和敬,用什么来

骊姬乱晋

侍奉君主呢？《诗经》说：'心怀德行就是安宁，同宗子弟就是城池。'君王如果修养德行而使公子们的地位得以巩固，哪个城池能比得上？三年以后就要用兵，哪里用得着谨慎呢？"士䓖退出去作诗说："狐皮袍子杂乱蓬松，一个国家有三位主人，我该一心跟从谁才好呢？"

【原文】

及难，公使寺人披伐蒲。重耳曰："君父之命不校[1]。"乃徇[2]曰："校者吾仇也。"逾垣而走。披斩其祛[3]。遂出奔翟。

【注释】

[1]校：纠正，引申为违背。
[2]徇：对众宣示。
[3]祛（qū）：衣袖。

【译文】

等到太子申生被害的祸难发生之后，晋献公派遣寺人披攻打蒲城。重耳说："君父的命令不能反对。"于是下令说："谁抵抗君父的军队，谁就是我的敌人。"重耳跳墙正要逃跑，寺人披砍断了他的衣袖。重耳便逃亡到翟国。

【原文】

六年春,晋侯使贾华伐屈。夷吾不能守,盟而行。将奔狄,郤芮曰:"后出同走,罪也。不如之梁,梁近秦而幸焉。"乃之梁。

【译文】

鲁僖公六年春季,晋献公派大夫贾华领兵攻打屈城。夷吾守不住,和屈城百姓订立盟约后出走,准备逃亡到狄。晋大夫郤芮说:"您在重耳之后出走,又是去同一个狄,这就说明您有跟重耳同谋的罪过。不如前往梁国,梁国接近秦国而且与它亲近。"于是夷吾到了梁国。

宋襄图霸

【原文】

宋公疾，大子兹父固请曰："目夷长且仁，君其立之！"公命子鱼，子鱼辞，曰："能以国让，仁孰大焉？臣不及也，且又不顺。"遂走而退。

【译文】

宋桓公得了重病，太子兹父一再向桓公请求："目夷年长而且仁爱，君王应该立他为国君！"宋桓公就要立目夷（子鱼）为君，子鱼推辞说："能够把国家推让给别人，世上还有比这更大的仁爱吗？我不及他，而且又不符合立君的礼制。"于是就快步退了出去。

【原文】

九年春，宋桓公卒。

宋襄公即位，以公子目夷为仁，使为左师以听政，于是宋治。故鱼氏世为左师。

【译文】

鲁僖公九年春季，宋桓公逝世。

宋襄公做了国君,认为公子目夷仁爱,让他担任左师掌管政事,宋国因此大治。所以目夷的后人鱼氏世世代代继承左师的官职。

【原文】

十六年春,陨石于宋五,陨星也。六鹢退飞,过宋都,风也。周内史叔兴聘于宋,宋襄公问焉,曰:"是何祥也[1]?吉凶焉在?"对曰:"今兹鲁多大丧[2],明年齐有乱,君将得诸侯而不终。"退而告人,曰:"君失问。是阴阳之事,非吉凶所生也。吉凶由人。吾不敢逆君故也。"

【注释】

〔1〕祥:吉凶的征兆。
〔2〕今兹:今年。

【译文】

鲁僖公十六年春季,在宋国有五块石头从天上坠落,这是坠落的流星。六只鹢鸟退着飞,经过宋国国都,这是因为风太大了。周内史叔兴到宋国访问时,宋襄公询问这两件事,说:"这预示着什么?是主吉还是主凶呢?"叔兴回答说:"今年鲁国大概有大的丧事,明

宋襄公

年齐国有动乱，您将得到诸侯的拥护，却很难持久。"他退下来告诉别人说："宋公问事不恰当，这是属于阴阳方面的事情，人事吉凶与此没有关系。吉凶由人的行为决定。我这样回答，是因为不敢违抗宋公的命令。"

【原文】

齐侯之夫人三：王姬[1]，徐嬴，蔡姬，皆无子。齐侯好内[2]，多内宠。内嬖如夫人者六人：长卫姬，生武孟；少卫姬，生惠公；郑姬，生孝公；葛嬴，生昭公；密姬，生懿公；宋华子，生公子雍。公与管仲属孝公于宋襄公，以为大子。雍巫有宠于卫共姬，因寺人貂以荐羞于公[3]，亦有宠。公许之立武孟。管仲卒，五公子皆求立。冬十月乙亥，齐桓公卒。易牙入，与寺人貂因内宠以杀群吏，而立公子无亏。孝公奔宋。十二月乙亥，赴。辛巳，夜殡[4]。

【注释】

[1]王姬：周王室之女。
[2]好内：好女色。
[3]荐羞：进献美味。羞，同"馐"。
[4]殡：入殓。

【译文】

齐桓公的三位夫人：王姬、徐嬴、蔡姬，都没有儿子。齐桓公爱好女色，爱妃很多。宫中受宠的女人中待遇如同夫人的有六人：大卫姬，生武孟；小卫姬，生惠公；郑姬，生孝公；葛嬴，生昭公；密姬，生懿公；宋华子，生公子雍。齐桓公和管仲把孝公托付给宋襄公，并立他为太子。雍巫（即易牙）受到卫共姬的宠信，又由于寺人貂的关系，有机会把美味进献给齐桓公，所以也受到齐桓公的宠信。齐桓公答应他们立武孟为太子。管仲死后,五位公子争夺君位。冬天,十月初七,齐桓公去世。易牙进入宫内,和寺人貂依靠那些内宠杀掉一批不同意立公子无亏(即武孟)为君的大夫,而立了公子无亏为国君。孝公逃亡到宋国。十二月初八,向诸侯国发出讣告。十四日晚,将齐桓公大殓入棺。

【原文】

十八年春,宋襄公以诸侯伐齐。三月,齐人杀无亏。

郑伯始朝于楚。楚子赐之金[1],既而悔之,与之盟曰:"无以铸兵!"故以铸三钟。

齐人将立孝公,不胜四公子之徒,遂与宋人战。夏五月,宋败齐师于甗,立孝公而还。

秋八月,葬齐桓公。

【注释】

[1] 金:指铜。

【译文】

鲁僖公十八年春季,宋襄公率领诸侯联军攻打齐国。三月,齐国人杀了公子无亏。

郑文公第一次到楚国朝见。楚成王赐给他铜,不久又后悔,就和郑文公盟誓说:"不许用铜铸造兵器。"因此郑文公拿它铸了三口钟。

齐国准备立孝公为新君,却又挡不住其他四位公子及其党羽的反对,四位公子的军队和拥立孝公的宋军作战。夏季五月,宋国在甗地打败齐军,立孝公为新君,然后回国。

秋天,八月,为齐桓公举行葬礼。

【原文】

十九年春，遂城而居之。

宋人执滕宣公。

夏，宋公使邾文公用鄫子于次睢之社，欲以属东夷。司马子鱼曰："古者六畜不相为用，小事不用大牲，而况敢用人乎？祭祀，以为人也。民，神之主也。用人，其谁飨之？齐桓公存三亡国以属诸侯，义士犹曰薄德。今一会而虐二国之君，又用诸淫昏之鬼，将以求霸，不亦难乎？得死为幸！"

【译文】

鲁僖公十九年春季，秦国人在新里筑了城，并居住在那里。

宋国人俘虏了滕宣公。

夏天，宋襄公派邾文公杀鄫子来祭祀次睢的社神，想以此使东夷各国来归附。司马子鱼（即公子目夷）说："古代六畜不能相互用作祭品，小祭祀不用大牲畜，何况用人做祭品呢？祭祀是为人祈福。百姓是神的主人。用人祭祀，有哪个神会来享用？齐桓公保存了鲁、卫、邢三个将要灭亡的国家，而称霸诸侯，义士们还说他德薄；如今您一次会盟就虐待了两个国家的君主，又用人来祭不合于礼的鬼神，想以此谋取霸业，不是很难吗？如果能善终，就算幸运了！"

宋襄公伐齐

【原文】

宋人围曹，讨不服也。子鱼言于宋公曰："文王闻崇德乱而伐之，军三旬而不降；退修教而复伐之，因垒而降。《诗》曰：'刑于寡妻[1]，至于兄弟，以御于家邦。'今君德无乃犹有所阙，而以伐人，若之何？盍姑内省德乎？无阙而后动？"

【注释】

〔1〕刑：典范。寡妻：嫡妻。

【译文】

宋军围攻曹国，是为了惩罚曹国不肯服从宋国。子鱼对宋襄公说："从前周文王听到崇国国内德行昏乱，发兵去讨伐，打了三十天，崇军不投降。文王自动退兵，回国加强教化，不久再去攻打，就住在原先所筑营壁中，崇国人就投降了。《诗经》说：'先给嫡妻做典范，然后推及兄弟，以此来治理家族和邦国。'如今您的德行恐怕还有所欠缺，凭这去攻打别的国家，能把它怎么样呢？何不暂且退兵回去，看看自己的德行是否需要提高，等到德行没有欠缺时再行动。"

【原文】

宋襄公欲合诸侯。臧文仲闻之，曰："以欲从人，则可，以人从欲，鲜济。"

【译文】

（鲁僖公二十年）宋襄公准备会合诸侯。鲁国的臧文仲听到了这件事，说："克制自己的欲望，服从众人的合理要求是可以的，强制别人服从自己的欲望，成功的可能性微乎其微。"

【原文】

二十一年春，宋人为鹿上之盟，以求诸侯于楚，楚人许之。公子目夷曰："小国争盟，祸也。宋其亡乎？幸而后败。"

……

秋，诸侯会宋公于盂。子鱼曰："祸其在此乎！君欲已甚，其何以堪之？"于是楚执宋公以伐宋。

冬，会于薄以释之。子鱼曰："祸犹未也，未足以惩君。"

【译文】

鲁僖公二十一年春季，宋人和齐人、楚人在宋国的鹿上举行会盟，并向楚国要求，让已归附楚国的中原诸侯推选自己为盟主，楚国答应了。公子目夷说："小国争当盟主，无异于自取灭亡。宋国也许要灭亡了吧！能多维持一段时间就算是幸运的了。"

……

秋天，宋公和楚子、陈侯、蔡侯、郑伯、许男、曹伯在宋国的盂地举行会盟。子鱼说："灾祸可能就要在这里发生吧！国君如此贪得无厌，其他诸侯怎么受得了呢？"在盟会上，楚国俘虏了宋襄公并攻打宋国。

冬天，诸侯在薄地会盟，放回了宋襄公。子鱼说："灾祸还没有结束，这一次还不足以惩罚国君。"

【原文】

三月，郑伯如楚。

夏，宋公伐郑。子鱼曰："所谓祸在此矣！"

……

楚人伐宋以救郑。宋公将战，大司马固谏曰："天之弃商久矣。君将兴之，弗可赦也已。"弗听。

【译文】

鲁僖公二十二年三月，郑文公到楚国访问。

夏天，宋襄公征讨郑国。子鱼说："这就是我所说的灾祸！"

……

楚国派兵攻打宋国，以救援郑国。宋襄公准备迎战，大司马子鱼坚决进谏说："上天遗弃商民已经很久了。君王想要复兴它，违背上天的意志，罪不可赦。"宋襄公不听。

【原文】

冬十一月己巳朔，宋公及楚人战于泓。宋人既成列，楚人未既济[1]。司马曰："彼众我寡，及其未既济也，请击之。"公曰："不可。"既济而未成列，又以告。公曰："未可。"既陈而后击之，宋师败绩。公伤股，门官歼焉。

【注释】

〔1〕济：渡过。

【译文】

冬季，十一月初一，宋襄公在泓水边上跟楚人交战。宋国军队已经摆好阵势，楚国军队还没有全部渡过泓水。大司马子鱼说："楚军人多势众，我军人少势弱，趁他们还没有全部渡河的时候，请君主下令进攻。"宋襄公说："不可以。"楚军全部渡河还没有布好阵势的时候，大司马子鱼又建议立即发动攻击。宋襄公说："还不可以。"一直等到楚军已经摆好阵势，才下令开

宋襄公假仁失众

战。结果宋军大败，宋襄公腿部受伤，护卫国君的左右亲兵全部阵亡。

【原文】

国人皆咎公。公曰："君子不重伤，不禽二毛[1]，古之为军也，不以阻隘也。寡人虽亡国之余，不鼓不成列。"子鱼曰："君未知战。勍敌之人[2]，隘而不列，天赞我也；阻而鼓之，不亦可乎？犹有惧焉。且今之勍者，皆吾敌也。虽及胡耇[3]，获则取之，何有于二毛？明耻教战，求杀敌也。伤未及死，如何勿重？若爱重伤，则如勿伤[4]。爱其二毛，则如服焉。三军以利用也，金鼓以声气也。利而用之，阻隘可也；声盛致志，鼓儳[5]可也。"

【注释】

〔1〕二毛：有白发掺杂在黑发之间的老年人。

〔2〕勍（qíng）：强大。

〔3〕耇（gǒu）：多寿。

〔4〕如：应当。

〔5〕儳（chán）：不整齐。此指军队阵势不整。

【译文】

宋国人都责备宋襄公。宋襄公说："君子不攻击已经受伤的人，不捉拿头发花白的老人。古代行军作战，不在地势险要的地方阻击敌方。我虽然是商朝亡国的后代，但不进攻没有布好阵势的敌军。"子鱼说："君王不会打仗。强大的敌人在险要的地方无法布阵，这是上天在帮助我军；趁势堵截将他们加以攻击，有什么不可以的？即使如此，还害怕不能取胜呢。更何况现在这些强大的士兵，都是我们的敌人。哪怕是老人，俘获了就抓回来，何必考虑他头发是否花白呢？让军队懂得什么是耻辱，训练他们作战的方法，目的就是杀敌。敌人受了伤而没有死，为什么不可以再伤害他一次？假如可怜敌人的受伤人员而不去再次伤害，那么一开始就不应当伤害他。怜悯敌人中头发花白的老人，那就干脆向他们投降。三军将士，有利时就加以利用；鸣金击鼓，是用声音来鼓舞士气。出现有利的机会，而加以利用，在险路进行攻击是可以的；战鼓的声音高而士气高昂，趁着敌人没有摆开阵势而加以攻击，也无可厚非。"

秦晋韩之战

【原文】

晋侯之入也，秦穆姬属贾君焉[1]，且曰："尽纳群公子。"晋侯烝于贾君[2]，又不纳群公子，是以穆姬怨之。晋侯许赂中大夫，既而皆背之。赂秦伯以河外列城五，东尽虢略，南及华山，内及解梁城，既而不与。晋饥，秦输之粟；秦饥，晋闭之籴。故秦伯伐晋。

卜徒父筮之，吉："涉河，侯车败。"诘之，对曰："乃大吉也。三败，必获晋君。……"

【注释】

〔1〕属：同"嘱"，托付。

〔2〕烝：晚辈与长辈通奸。

【译文】

晋惠公回国继承君位的时候，秦穆公夫人把太子申生之妃贾君托付给他，并且说："把公子们都接回晋国。"结果晋惠公和贾君通奸，而且不接各位公子回国，因此秦穆公夫人怨恨晋惠公。晋惠公曾经答应给中大夫馈送财礼，后来食言了。答应送给秦穆公黄河以南的五座城，东边到原来虢国的边界，南边到华山,还包括黄河之内的解梁城,后来都没给。晋国发生饥荒,秦国送粮食给它;秦国发生饥荒,晋国却拒绝让它购买粮食。所以秦穆公出兵攻打晋国。

秦穆公的卜徒父用筮草占卜,得到吉卦,占词说:"渡过黄河,晋惠公的战车败北。"秦穆公追问他,卜徒父回答说:"这是大吉大利的卦,连败他们三次之后,必然俘获晋君。……"

【原文】

三败及韩,晋侯谓庆郑曰:"寇深矣,若之何?"对曰:"君实深之,可若何!"公曰:"不孙[1]。"卜右,庆郑吉,弗使。步扬御戎,家仆徒为右。乘小驷,郑入也。庆郑曰:"古者大事,必乘其产,生其水土而知其人心,安其教训而服习其道。唯所纳之,无不如志。今乘异产,以从戎事,及惧而变,将与人易[2]。乱气狡愤,阴血周作,张脉偾兴[3],外强中干,进退不可,周旋不能。君必悔之。"弗听。

秦晋大战

【注释】

〔1〕不孙：指出言无礼。孙，通"逊"，谦和。
〔2〕易：反。
〔3〕偾（fèn）兴：紧张凸起。偾，紧张。

【译文】

晋国连败三次之后，撤退到韩原。晋惠公对庆郑说："敌人已经深入了，应该怎么办？"庆郑回答说："实是国君您让他们深入进来，还能怎么办？"晋惠公说："你说话太放肆！"晋惠公叫卜师占卜车右的人选，结果庆郑得吉卦。但是晋惠公不用他。改让步扬驾驭战车，家仆徒担任车右。驾车的马，是以前郑国献纳的。庆郑说："古代参加战争，一定用本国出产的马。出生在本乡本土，知道主人的心意，听从主人的调教，熟习这里的地形，随你怎样鞭策驱使，没有不如意的。现在国君用别国出产的马来打仗，一旦马由于恐惧而失去正常状态，必然违反人的意图。脾气烦躁不安，血液在全身奔流，血管紧张凸起，外表强壮而内部虚弱无力，进不能攻，退不能守，周旋奔驰也不行。那时国君必然要后悔的。"晋惠公不听。

【原文】

九月，晋侯逆秦师，使韩简视师。复曰："师少于我，斗士倍我。"公曰："何故？"对曰："出因其资，入用其宠，饥食其粟，三施而无报，是以来也。今又击之，我怠秦奋，倍犹未也。"公曰："一夫不可狃〔1〕，况国乎？"遂使请战，曰："寡人不佞〔2〕，能合其众而不能离也。君若不还，无所逃命！"秦伯使公孙枝对曰："君之未入，寡人惧之；入而未定列，犹吾忧也。苟列定矣，敢不承命！"韩简退，曰："吾幸而得囚。"

【注释】

〔1〕狃（niǔ）：轻慢。
〔2〕佞：不才。

【译文】

鲁僖公十五年九月，晋惠公亲自迎战秦军，派韩简侦察军情。韩简回来说："秦军兵力比我们少，能作战的人员却超过我们的一倍。"晋惠公说："什么原因？"韩简回答说："国君您亡命在外的时候，得到过秦国的帮助；回国即位，也是因为他们的帮助；发生饥荒，吃了他们送的粮食。三次施恩惠给我们，国君您都没有报答，因为这样秦国才来讨伐我们。如今您又出兵迎击秦军，所以我军自知理亏而懈怠，秦军出于愤慨而奋勇，斗志相差一倍还不止啊！"晋惠公说："即使匹夫还不能让人轻慢，何况是一个国家呢？"于是派韩简向秦军约战，说："寡人不才，能集合我的部下却不能随便让他们离开。秦军如果不撤兵，寡人就没有办法回避进军的命令了！"秦穆公派公孙枝回答说："当初晋君没有回到晋国的时候，我一直为他担忧；回国而没有定位以前，我仍替他担忧。如今君位已定，我怎敢不接受贵君的作战命令！"韩简退下去，说："我如果能被秦军俘虏，免死于战场，就算是幸运了。"

【原文】

壬戌，战于韩原。晋戎马还泞而止[1]。公号庆郑，郑曰："愎谏违卜[2]，固败是求，又何逃焉？"遂去之。梁由靡御韩简，虢射为右，辂秦伯[3]，将止之，郑以救公误之，遂失秦伯。秦获晋侯以归。

【注释】

〔1〕还：盘旋。
〔2〕违卜：违反卜辞。
〔3〕辂：迎战。

【译文】

九月十四日，秦、晋两军在韩原交战。晋惠公的马陷入烂泥中盘旋不得出。晋惠公向庆郑大声求救，庆郑说："不听劝谏，违反卜辞，本来是自求失败，现在又为什么要逃跑呢？"于是就离开了。梁由靡驾驭韩简的战车，虢射担任车右，迎击秦穆公的战车，将要俘虏他。因为庆郑叫他们快去救援晋惠公而耽误了良机，以致未能捉住秦穆公。最后，秦军俘虏了晋惠公回国。

穆姬登台要大赦

【原文】

晋大夫反首拔舍从之[1]，秦伯使辞焉，曰："二三子何其戚也[2]！寡人之从晋君而西也，亦晋之妖梦是践，岂敢以至？"晋大夫三拜稽首，曰："君履后土而戴皇天，皇天后土，实闻君之言。群臣敢在下风。"

穆姬闻晋侯将至，以太子䓨、弘与女简璧登台而履薪焉；使以免服衰绖逆[3]，且告曰："上天降灾，使我两君匪以玉帛相见，而以兴戎。若晋君朝以入，则婢子夕以死；夕以入，则朝以死。唯君裁之！"乃舍诸灵台。

【注释】

　　[1]反首：头发由头上披散下来。
　　[2]戚：忧伤。
　　[3]免服：去冠束发。

【译文】

　　晋国的大夫披头散发，拆除帐篷，跟随晋惠公。秦穆公派人告诉说："诸位为什么这般忧伤啊！我陪伴晋君西去，只是应验了晋国的妖梦罢了，岂敢做得太过分呢？"晋国的大夫听后三拜叩头说："秦君您脚踩后土，头顶皇天，皇天后土都听到了秦君的话，下臣们就在下边听候吩咐。"

　　秦穆公夫人听说晋惠公就要来到秦国，领着太子䓨、次子弘和女儿简璧登上高台，踩着事先铺好的柴草将要自焚；同时派遣使者拿着丧服去迎接秦穆公，说："上天降下灾祸，使得我们两国国君不是用玉帛之礼相见，而是兴师动戈。如果晋国国君早晨进入（国都），那么贱妾就晚上死；晚上进入，那么我就早晨死。请秦君仔细决定！"于是秦穆公安排晋惠公居住在灵台。

【原文】

　　大夫请以入。公曰："获晋侯，以厚归也。既而丧归，焉用之？大夫其何有焉！且晋人戚忧以重我[1]，天地以要我[2]。不图晋忧，重其怒也；我食吾言，背天地也。重怒难任，背天不祥，必归晋君！"公子絷曰："不如杀之，无聚慝焉[3]。"子桑曰："归之而质其大子，必得大成。晋未可灭而杀其君，只以成恶。且史佚有言曰：'无始祸，无怙乱，无重怒。'重怒难任，陵人不祥。"乃许晋平。

【注释】

〔1〕重：通"动"，感动。
〔2〕要：约束。
〔3〕聚慝：相聚为恶。

【译文】

秦国大夫都请求把晋惠公押进国都。秦穆公说："俘获晋惠公，本来是大获全胜回来的，如果一回来就要发生丧事，大夫又能得到什么呢？况且晋国人用忧愁来感动我，用天地威灵来约束我。如果不考虑晋国的忧愁，这就会加重他们的愤怒；我如果自食其言，就是违背天地。加重晋人的愤怒，难以承当；违背天地，必不吉祥，必须释放晋君回国才行！"公子絷说："不如杀了晋君，免得相聚为恶。"子桑说："放晋君回去，把他的太子作为人质，必然更有利。如今既然不能灭掉晋国，杀掉他们的国君，只会互相增加仇恨。况且史佚说过：'不要制造祸端，不要趁火打劫，不要加重愤怒。'加重愤怒，使人难以承当；欺凌别人，会不吉利。"于是秦国答应了晋国的求和。

【原文】

晋侯使郤乞告瑕吕饴甥，且召之。子金教之言，曰："朝国人而以君命赏。且告之曰：'孤虽归，辱社稷矣！其卜贰圉也。'"众皆哭。晋于是乎作爰田。吕甥曰："君亡之不恤，而群臣是忧，惠之至也。将若君何？"众曰："何为而可？"对曰："征缮以辅孺子[1]。诸侯闻之，丧君有君，群臣辑睦，甲兵益多，好我者劝，恶我者惧，庶有益乎！"众说，晋于是乎作州兵。

【注释】

〔1〕征缮：征收赋税，修整军备。

【译文】

晋惠公派郤乞回国告诉瑕吕饴甥，并召他前来谈判。子金替郤乞出谋献策说："把国都城内的人都召集到宫门前，以国君的名义赏赐他们，并且告诉他们说：'我虽然侥幸回来了，但已经给国家带来了耻辱！还是占卜择日立子圉为新君吧。'"郤乞照子金的主意去办了，众人都感动得哭了。晋国就在这时改变田制。瑕吕饴甥说："国君对自己被俘流亡在外并不担忧，反而为群臣担忧，这是最大的恩惠了。我们准备怎样报答国君？"众人问道："怎么做才好呢？"瑕吕饴甥回答说："征收赋税，修整军备，辅佐新君。诸侯知道晋国失去了国君，又有新君继位，群臣和睦相处，武器装备更加多了，对我们友好的就会勉励我们，憎恶我们的就会害怕我们，这或许会有好处吧！"众人很高兴。晋国就在这时创立了"州兵"制度。

【原文】

十月，晋阴饴甥会秦伯，盟于王城。秦伯曰："晋国和乎？"对曰："不和。小人耻失其君而悼丧其亲，不惮征缮以立圉也，曰：'必报仇！宁事戎狄。'君子爱其君而知其罪，不惮征缮以待秦命，曰：'必报德，有死无二。'以此不和。"秦伯曰："国谓君何？"对曰："小人戚，谓之不免；君子恕，以为必归。小人曰：'我毒秦，秦岂归君？'君子曰：'我知罪矣，秦必归君。贰而执之，服而舍之，德莫厚焉，刑莫威焉！服者怀德，贰者畏刑，此一役也，秦可以霸。纳而不定，废而不立，以德为怨，秦不其然！'"秦伯曰："是吾心也。"改馆晋侯，馈七牢焉。

【译文】

十月，晋国的阴饴甥会见秦穆公，在王城订立盟约。秦伯说："晋国君臣和睦吗？"阴饴甥回答说："不和睦。小人因失去国君而感到可耻，因亲人战死而感到悲哀，不怕征收赋税和修整军备之劳，以立圉为新君，他们说：'一定要报仇，宁肯侍奉戎狄也在所不惜。'君子爱护国君而了解他的错误，不怕征收赋税和修整军备之劳，以等候秦国送回国君的命令，他们说：'一定要报答秦国的恩惠，死也不敢有二心。'因为这样而意见不合。"秦穆公说："晋国上下认为秦国将如何处置晋君呢？"阴饴甥回答说："小人忧愁，认为他不会被赦免。君子坦然，认为他一定会回来。小人说：'我们得罪了秦国，秦国难道肯放回我们的国君吗？'君子说：'我们已经认罪了，秦国一定会放回国君。有了二心就把他抓起来，服了罪就释放他，德行没有比这更宽厚的，刑罚没有比这更严厉的了。服罪的人怀念恩德，有二心的人畏惧刑罚，由于这次战争，秦国可以称霸诸侯了。如果当初贵国送国君回去却不使他的君位得到安定，或者废掉他而不立新君，使当初的恩德变为怨恨，秦国不会这样做吧！'"秦穆公说："这正是我的心意啊！"于是改变对晋惠公的待遇，让晋惠公住在馆舍里，馈送牛、羊、猪各七头。

【原文】

蛾析谓庆郑曰："盍行乎？"对曰："陷君于败，败而不死，又使失刑，非人臣也。臣而不臣，行将焉入？"十一月，晋侯归。丁丑，杀庆郑而后入。

是岁，晋又饥。秦伯又饩之粟，曰："吾怨其君，而矜其民。且吾闻唐叔之封也，箕子曰：'其后必大。'晋其庸可冀乎[1]？姑树德焉，以待能者！"于是秦始征晋河东，置官司焉。

【注释】

　　[1] 其庸：难道。

【译文】

晋大夫蛾析对庆郑说："你何不逃走呢？"庆郑回答说："使国君陷于失败，失败了不死反而逃走，又使国君无法施行刑罚，这就不是人臣所应做的了。做臣下的而不守为臣之道，又能逃到哪里去呢？"十一月，晋惠公回国。二十九日，晋惠公杀了庆郑，然后进入国都。

这一年，晋国又发生饥荒。秦穆公再次送给他们粮食，说："我怨恨他们的国君而哀怜他的百姓。而且我听说当初唐叔受封的时候，箕子曾说：'他的后代必定昌盛。'晋国难道是可以随便谋取的吗？我们姑且树立恩德，以等待有才能的人。"这时候，秦国开始在晋国河东之地征税，设置官吏，掌管政事。

晋公子重耳之亡

【原文】

晋公子重耳之及于难也，晋人伐诸蒲城。蒲城人欲战，重耳不可，曰："保君父之命而享其生禄，于是乎得人。有人而校[1]，罪莫大焉！吾其奔也。"遂奔狄。从者狐偃、赵衰、颠颉、魏武子、司空季子。

狄人伐廧咎如，获其二女：叔隗、季隗，纳诸公子。公子取季隗，生伯儵、叔刘。以叔隗妻赵衰，生盾。将适齐，谓季隗曰："待我二十五年，不来而后嫁。"对曰："我二十五年矣，又如是而嫁，则就木焉。请待子！"处狄十二年而行。

【注释】

[1]校：同"较"，较量，对抗。

【译文】

晋公子重耳遭受祸难的时候，晋国派兵在蒲城攻打他。蒲城人想要迎战，重耳不同意，说："我是依赖父王的命令才享有养生的禄邑，因此才得到百姓的拥护。有了百姓的拥护就要与父王对抗，没有比这罪过更大的了！我还是逃亡吧。"于是就逃到狄国。跟随的有狐偃、赵衰、颠颉、魏武子、司空季子。

狄人攻打廧咎如时，俘虏了他们的两个女儿叔隗和季隗，把她们送给重耳。重耳娶了季隗，生下伯鲦、叔刘；他把叔隗送给赵衰做妻子，其生下赵盾。重耳准备到齐国去，对季隗说："等我二十五年，不回来再改嫁。"季隗回答说："我已经二十五岁了，再过二十五年重新嫁人，那时就快进棺材了。我等您。"重耳在狄国住了十二年之后离去。

【原文】

过卫，卫文公不礼焉。出于五鹿，乞食于野人，野人与之块。公子怒，欲鞭之。子犯曰："天赐也！"稽首，受而载之。

及齐，齐桓公妻之，有马二十乘，公子安之。从者以为不可。将行，谋于桑下。蚕妾在其上，以告姜氏。姜氏杀之，而谓公子曰："子有四方之志，其闻之者，吾杀之矣。"公子曰："无之。"姜曰："行也。怀与安，实败名。"公子不可。姜与子犯谋，醉而遣之。醒，以戈逐子犯。

【译文】

重耳路过卫国，卫文公不以礼相待。经过五鹿时，重耳一行人向乡下人讨饭吃，乡下人给他一块泥土。重耳很生气，想鞭打他。子犯（狐偃）说："这是上天的赐予啊！"重耳叩头道谢，接过土块放在车上带走。

重耳到达齐国，齐桓公为他娶妻，送他八十匹马。重耳便安于齐国的生活不想再走了。跟随出逃的人认为这样不行。他们准备让重耳离开齐国，并聚集在桑树下面商量。恰好有个养蚕女在树上采桑，听到了，便报告给姜氏。姜氏怕走漏消息就杀了她，然后对公子重耳说："您有远大志向，听到你们计谋的人，我已经把她杀了。"重耳说："没有这回事。"姜氏说："您走吧！留恋妻室和贪图安逸，实在败坏您的功名。"重耳不肯离开。姜氏同子犯商量，用酒把重耳灌醉，然后把他送走。重耳酒醒，气得拿起戈追逐子犯。

【原文】

及曹，曹共公闻其骈胁，欲观其裸。浴，薄而观之。僖负羁之妻曰："吾观晋公子之从者，皆足以相国。若以相，夫子必反其国。反其国，必得志于诸侯。得志于诸侯，而诛无礼，曹其首也。子盍蚤自贰焉[1]。"乃馈盘飧，置璧焉。公子受飧反璧。

及宋，宋襄公赠之以马二十乘。

【注释】

〔1〕蚤：通"早"，在一定时间以前。

【译文】

齐姜氏趁醉遣夫

到达曹国，曹共公听说重耳腋下的肋骨连成一片，因此想要趁重耳裸露身体的时候看一看。重耳洗澡的时候，他隔着帘子从外面偷看。曹大夫僖负羁的妻子说："我看晋公子的随从，都是足以做国家辅臣的人才。如果有他们辅佐，晋公子必定能回晋国做国君。回到了晋国，一定能在诸侯中称雄。那时惩罚以前对他无礼的国家，曹国就会排在前面。您何不趁早向他表示一些不同的态度呢？"于是僖负羁就馈赠重耳一盘晚餐，里面藏着一块玉璧。重耳接受了晚餐，退还玉璧。

到达宋国，宋襄公送给重耳八十匹马。

【原文】

及郑，郑文公亦不礼焉。叔詹谏曰："臣闻天之所启，人弗及也。晋公子有三焉，天其或者将建诸，君其礼焉。男女同姓，其生不蕃。晋公子，姬出也，而至于今，一也。离外之患[1]，而天不靖晋国，殆将启之，二也。有三士足以上人而从之，三也。晋、郑同侪，其过子弟，固将礼焉，况天之所启乎？"弗听。

【注释】

[1] 离：同"罹"，遭受。

【译文】

重耳到达郑国，郑文公也不以礼相待。大夫叔詹劝谏说："臣听说上天要帮助的人，别人是不能左右的。晋公子重耳有三件特殊的事非他人所能比，上天或许将要立他为国君吧，君主还是以礼相待为好。凡是父母同姓通婚，子孙必然不会昌盛；姬姓的晋公子重耳，又是姬姓女子所生，却能健康地活到今天，这是一。晋公子遭受陷害而亡命在外，可是上天却一直不让晋国安定，也许是将要帮助他了，这是二。有三位高人跟随着他，这是三。晋国和郑国地位平等，他们的子弟路过，本来就应该以礼相待，何况是上天所要帮助的人呢？"郑文公不听。

【原文】

及楚，楚子飨之，曰："公子若反晋国，则何以报不穀？"对曰："子女玉帛则君有之，羽毛齿革则君地生焉。其波及晋国者，君之余也，其何以报君？"曰："虽然，何以报我？"对曰："若以君之灵，得反晋国，晋、楚治兵，遇于中原，其辟君三舍。若不获命，其左执鞭弭[1]，右属櫜鞬，以与君周旋。"子玉请杀之，楚子曰："晋公子广而俭，文而有礼。其从者肃而宽，忠而能力。晋侯无亲，外内恶之。吾闻姬姓，唐叔之后，其后衰者也，其将由晋公子乎！天将兴之，谁能废之？违天必有大咎！"乃送诸秦。

【注释】

〔1〕弭：此指不加装饰的弓。

【译文】

重耳到达楚国，楚成王设宴款待他，说："公子如果返回晋国即位，将用什么来报答我呀？"重耳回答说："子、女、玉、帛，大王已经拥有了；鸟羽、皮毛、象牙、犀革，那是大王土地上生产的。散及晋国的，已经是大王的剩余之物了。我能用什么来报答您呢？"楚成王说："尽管这样，究竟用什么来报答呢？"重耳回答说："假如托大王的福，能回到晋国，日后晋、楚交战，在中原相遇，那我将把军队后撤三舍。这时如果还得不到大王的谅解而退兵，那就只好左手拿着鞭和弓，右手挎着箭袋和弓囊，同大王较量一番了。"子玉请求楚成王杀掉重耳。楚成王说："晋公子志向远大而生活俭朴，言谈举止文雅而合乎礼仪。他的随从态度严肃而待人宽厚,忠诚而能为主人尽力。如今晋国国君没有亲人,国外诸侯和国内臣民都讨厌他。我听说唐叔的后代,是姬姓中最后衰亡的,这很可能要由晋公子重耳来重振国势吧!上天将帮助他兴起,谁能废掉他呢?违反天意必定会有大的灾难!"于是就把重耳送往秦国。

【原文】

秦伯纳女五人。怀嬴与焉。奉匜沃盥,既而挥之。怒曰:"秦、晋匹也,何以卑我!"公子惧,降服而囚。

他日,公享之。子犯曰:"吾不如衰之文也,请使衰从。"公子赋《河水》,公赋《六月》。赵衰曰:"重耳拜赐!"公子降,拜,稽首,公降一级而辞焉。衰曰:"君称所以佐天子者命重耳,重耳敢不拜。"

【译文】

秦穆公送给重耳五个女子,怀嬴是其中的一个。有一次,怀嬴捧着盛水器皿伺候公子盥洗。重耳洗完之后,挥着湿手,让怀嬴走开。怀嬴生气地说:"秦、晋两国地位相等,您为什么轻视我?"公子重耳害怕了,脱去上衣,把自己捆绑起来,以表谢罪。

有一天,秦穆公设宴款待重耳。子犯说:"我不像赵衰那样长于文辞,请您让赵衰随行赴宴吧。"席间,公子诵

秦怀嬴婚配重耳

《河水》这首诗，秦穆公诵《六月》这首诗。赵衰说："重耳，请拜谢秦君的美意！"重耳走下台阶，拜，叩头。秦穆公走下一个台阶施礼辞谢。赵衰说："秦君用辅佐天子的诗来命令重耳，重耳岂敢不拜？"

【原文】

二十四年春王正月，秦伯纳之，不书，不告入也。及河，子犯以璧授公子曰："臣负羁绁从君巡于天下[1]，臣之罪甚多矣，臣犹知之，而况君乎？请由此亡。"公子曰："所不与舅氏同心者，有如白水。"投其璧于河。

济河，围令狐[2]，入桑泉[3]，取臼衰[4]。二月甲午，晋师军于庐柳[5]。秦伯使公子絷如晋师。师退，军于郇[6]。辛丑，狐偃及秦、晋之大夫盟于郇。壬寅，公子入于晋师。丙午，入于曲沃。丁未，朝于武宫。戊申，使杀怀公于高梁。不书，亦不告也。

【注释】

[1]羁：马络头。绁：系人与畜之绳索，此指马缰绳。
[2]令狐：地名，在今山西临猗西。
[3]桑泉：地名，在今山西临猗。
[4]臼衰：地名，在今山西。
[5]庐柳：地名，在今山西临猗。
[6]郇（xún）：地名，在今山西临猗。

【译文】

鲁僖公二十四年春正月，秦穆公把公子重耳送回晋国。《春秋》里没有记载这件事，因为重耳回国之事没有向鲁国告知。到达黄河岸边，子犯把一块玉璧交给公子重耳，说："臣下背着马笼头马缰绳跟您在天下巡行，臣下的罪过很多，臣下自己尚且知道，何况您呢？请您允许我从此离开您吧。"公子重耳说："我如果不和舅父一条心，可以指着黄河水发誓（听凭河神处罚）。"就把那块玉璧扔进了黄河。

重耳等一行渡过黄河，包围了令狐，进入桑泉，攻取了臼衰。二月甲午日，晋怀公的军队驻扎在庐柳。秦穆公派遣公子絷到晋怀公军队里陈说利害。晋军退，驻扎在郇地。辛丑日，狐偃和秦国、晋怀公的大夫在郇地结盟。壬寅日，公子重耳进入晋国军队，掌握了军队。丙午日，重耳进入曲沃。丁未日，重耳朝拜祖庙武宫。戊申日，重耳派人在高梁杀死晋怀公。《春秋》没有记载这件事，也是晋国没有来鲁国告知的缘故。

【原文】

吕、郤畏逼，将焚公宫而弑晋侯。寺人披请见，公使让之，且辞焉，曰："蒲城之役，君命一宿，女即至。其后余从狄君以田渭滨，女为惠公来求杀余，命女三宿，女中宿至[1]。虽有君命，何其速也。夫袪犹在。女其行乎。"对曰："臣谓君之入也，其知之矣。若犹未也，又将及难。君命无二，古之制也。除君之恶，唯力是视，蒲人、狄人，余何有焉？今君即位，其无蒲、狄乎？齐桓公置射钩而使管仲相，君若易之，何辱命焉？行者甚众，岂唯刑臣[2]。"公见之，以难告。三月，晋侯潜会秦伯于王城。己丑晦，公宫火。瑕甥、郤芮不获公，乃如河上，秦伯诱而杀之。晋侯逆夫人嬴氏以归。秦伯送卫于晋三千人，实纪纲之仆。

【注释】

　　[1]中宿：第二夜。

〔2〕刑臣：寺人披的自称。因为宦官受过宫刑。

【译文】

吕甥、郤芮两家害怕祸难逼近，准备焚烧公宫并杀死晋文公重耳。寺人披请求进见。晋文公派人责备他，而且拒绝接见，说："蒲城之战，献公命令你过一个晚上到达蒲城，你当天就到了。后来我跟随狄君在渭水边上打猎，你奉惠公之命追杀我，惠公命令你三个晚上以后到达，你第二个晚上就到了。虽然有国君的命令，但是你的行动为什么那么快呢？当初被你砍掉的那只袖子还在，你还是走吧！"寺人披回答说："小臣原来认为国君回国以后，应该懂得为君之道。如果还没有，又将会遇到祸难。执行国君的命令不能三心二意，这是自古以来的规定。除去国君所厌恶的人，我是尽力而为。杀一个蒲人或狄人，对我来说有什么关系呢？现在您即位做国君，难道就没有像当年在蒲城和狄城那样的反对者吗？齐桓公把射钩的事放在一边，而让管仲辅佐他。您如果改变这种做法，我会自己走的，哪里需要您的命令呢？那样的话要走的人很多，岂止我一个？"晋文公于是接见了寺人披，寺人披就把吕、郤将作乱的事报告了晋文公。三月，晋文公秘密地和秦穆公在王城会见。三月三十日，晋文公的宫殿起火。瑕甥（即吕甥）、郤芮找不到晋文公，于是就追赶到黄河边上，秦穆公把他们诱骗过去杀死了。晋文公迎接夫人嬴氏回国。秦穆公赠送给晋国三千名卫士，都是一些得力的臣仆。

【原文】

初，晋侯之竖头须[1]，守藏者也[2]。其出也，窃藏以逃，尽用以求纳之。及入，求见。公辞焉以沐。谓仆人曰："沐则心覆，心覆则图反，宜吾不得见也。居者为社稷之守，行者为羁绁之仆，其亦可也，何必罪居者？国君而仇匹夫，惧者甚众矣。"仆人以告,公遽见之。

【注释】

〔1〕竖:未成年的随从。
〔2〕守藏:保管财物。

【译文】

当初,晋文公有个小侍臣名叫头须,是保管财物的。当年晋文公逃亡时,头须偷了财物潜逃,把这些财物都用来设法让晋文公回国。等到晋文公回国,头须请求进见。晋文公推托说正在洗头而不愿见他。头须对晋文公的仆人说:"洗头的时候心是向下倒过来的,心倒过来,考虑问题就颠倒了,难怪我不能被接见了。留在国内的人是国家的守卫者,跟随在外的是受国君驱使的仆人,这两种人都是一样的,何必把留在国内的人视为有罪的人呢?身为国君而仇视普通人,那么害怕的人就多了。"仆人把这些话告诉晋文公,晋文公立即接见了他。

【原文】

狄人归季隗于晋,而请其二子。文公妻赵衰,生原同、屏括、楼婴。赵姬请逆盾与其母,子余辞。姬曰:"得宠而忘旧,何以使人?必逆之!"固请,许之。来,以盾为才,固请于公,以为嫡子,而使其三子下之,以叔隗为内子,而己下之。

【译文】

狄人把季隗送回晋国,而请求留下她的两个儿子。晋文公把女儿嫁给赵衰,生了原同、屏括、楼婴。赵姬请求接回赵盾和他的母亲叔隗。赵衰辞谢不肯。赵姬说:"得到新宠而忘记旧好，以后还怎么使用别人？一定要把他们接回来。"赵姬坚决请求，赵衰同意了。回来以后，赵姬认为赵盾有才，坚决向赵衰请求，把赵盾作为嫡子，而让她自己生的三个儿子居于赵盾之下，让叔隗作为正妻，而自己居于她之下。

【原文】

晋侯赏从亡者，介之推不言禄，禄亦弗及。推曰："献公之子九人，唯君在矣。惠、怀无亲，外内弃之。天未绝晋，必将有主。主晋祀者，非君而谁？天实置之，而二三子以为己力，不亦诬乎？窃人之财，犹谓之盗，况贪天之功以为己力乎？下义其罪，上赏其奸，上下相蒙，难与处矣。"其母曰："盍亦求之？以死，谁怼？"对曰："尤而效之，罪又甚焉，且出怨言，不食其食。"其母曰："亦使知之，若何？"对曰："言，身之文也。身将隐，焉用文之？是求显也[1]。"其母曰："能如是乎？与女偕隐。"遂隐而死。晋侯求之，不获，以绵上为之田[2]，曰："以志吾过，且旌善人。"

【注释】

[1] 求显：追求显达。
[2] 绵上：地名，在今山西介休。

【译文】

晋文公赏赐跟随他逃亡的人，介之推没有提及禄位，禄位也没有加给他。介之推说："献公有九个儿子，现今只有国君在世了。惠公、怀公没有亲近的人，国内外的人都抛弃了他们。上天不使晋国灭绝，必定会有君主。主持晋国宗庙祭祀的人，不是重耳又会是谁？这实在是上天要立重耳为君，而他们这些随从逃亡的人却贪天之功以为己力，这不是欺骗吗？偷别人的财物，尚且叫作盗，何况贪天之功以为自己的功劳呢？下面的人把贪功的罪过当成合理，上面的人对欺骗的行为加以赏赐，上下互相欺诈蒙骗，这就难以和他们相处了。"介之推的母亲说："你为什么不去求赏？否则就这样死去，又能怨谁？"介之推回答说："明知错误而去效法，错误就更大了。而且我口出怨言，不能再接受他的俸禄。"他的母亲说："要不然也让他知道一下，怎么样？"介之推回答说："言辞，是身体的文饰。身体将要隐藏，哪里用得着文饰？这只不过是去求显达罢了。"他的母亲说："你能做到这样吗？那么我和你一起隐居起来。"于是母子俩一起隐居到死。晋文公派人到处寻找他们都没有找到，就把绵上的田封给介之推，说："就用这来记载我的过失，并且表扬好人吧。"

晋文公勤王

【原文】

冬，王使来告难曰："不穀不德，得罪于母弟之宠子带，鄙在郑地氾，敢告叔父。"臧文仲对曰："天子蒙尘于外，敢不奔问官守。"王使简师父告于晋，使左鄢父告于秦。

【译文】

鲁僖公二十四年冬季，周天子派使者前来报告王子带之乱，说："我缺乏德行，得罪了母亲所宠爱的儿子带，现在僻居在郑国的氾地，特此报告叔父。"鲁大夫臧文仲回答说："天子在外边蒙受尘土，岂敢不赶紧去问候。"周天子还派简师父去晋国报告，派左鄢父到秦国报告。

【原文】

秦伯师于河上，将纳王。狐偃言于晋侯曰："求诸侯，莫如勤王。诸侯信之，且大义也。继文之业，而信宣于诸侯，今为可矣。"使卜偃卜之，曰："吉，遇黄帝战于阪泉之兆[1]。"公曰："吾不堪也。"对曰："周礼未改，今之王，古之帝也。"公曰："筮之。"筮之，遇《大有》☰☲之《睽》☲☱[2]，曰："吉，遇'公用享于天子'之卦。战克而王飨，吉孰大焉？且是卦也，天为泽以当日，天子降心以逆公，不亦可乎？《大有》去《睽》而复，亦其所也。"

【注释】

[1]阪泉：古地名，在今河北涿鹿。
[2]《大有》：六十四卦之一，卦象为乾下离上。《睽》：六十四卦之一，卦象为兑下离上。

【译文】

鲁僖公二十五年春季，秦穆公把军队驻扎在黄河边上，准备以武力护送周天子回都城。狐偃对晋文公说："求得诸侯的拥护，没有比为天子效力更好的方法了。可以得到诸侯的信任，而且合乎大义。既继承了文侯的事业，又让众诸侯知道自己讲信用，现在可以做了。"晋文公让卜偃占卜，卜偃说："吉利。得到的是黄帝在阪泉作战的征兆。"晋文公说："我当不起啊。"卜偃回答说："周室的礼制没有改变，现在的王，就是古代的帝。"晋文公说："占筮！"占筮结果为《大有》卦变为《睽》卦。卜偃说："吉利。得到'公被天子设宴招待'这一卦，象征作战胜后天子设宴招待，还有比这更大的吉利吗？而且这一卦，天变成水泽以承受太阳的照耀，象征天子自己降格而迎接您，这不也很好吗？《大有》变成《睽》，终将回到《大

周襄王河阳受觐

有》，也是理所当然的。"

【原文】

晋侯辞秦师而下。三月甲辰，次于阳樊，右师围温，左师逆王。夏四月丁巳，王入于王城，取大叔于温，杀之于隰城[1]。

戊午[2]，晋侯朝王。王享醴，命之宥。请隧[3]，弗许，曰："王章也[4]。未有代德，而有二王，亦叔父之所恶也。"与之阳樊、温、原[5]、欑茅之田[6]。晋于是始启南阳[7]。

阳樊不服，围之。苍葛呼曰[8]："德以柔中国，刑以威四夷，宜吾不敢服也。此谁非王之亲姻，其俘之也？"乃出其民。

【注释】

〔1〕隰城：地名，在今河南武陟。
〔2〕戊午：四月四日。
〔3〕请隧：请求允许其死后以天子之礼安葬。隧，即隧道，天子之墓有隧道，诸侯则无。
〔4〕王章：王者所享之典章礼制。
〔5〕原：地名，在今河南济源。
〔6〕欑茅：地名，在今河南修武。
〔7〕南阳：指黄河以北，太行山以南一带。
〔8〕苍葛：阳樊人。

【译文】

晋文公辞退秦军，顺流而下。三月十九日，军队驻扎在阳樊，右翼部队包围温地，左翼部队迎接周天子。夏四月初三，周天子进入王城，在温地抓获太叔王子带，把他杀死在隰城。

四月初四，晋文公朝见周天子。周天子用甜酒招待晋文公，晋文公回敬周天子酒。晋文公请求死后用天子之礼葬他，周天子没有允许，说："这是天子的丧葬规格。还没有取代周室的德行而有两个天子，这也是叔父所不喜欢的。"周天子赐给晋文公阳樊、温、原、欑茅的田地。晋国从此时开始开辟南阳。

阳樊人不服，晋国军队包围了阳樊。苍葛大喊说："要用德行来安抚中原，刑罚只用来威慑四方夷狄，你们用武力，难怪我们不敢降服。这里谁不是天子的亲戚，岂能做俘虏呢？"于是晋军只好放阳樊的百姓出城。

【原文】

冬，晋侯围原，命三日之粮。原不降，命去之。谍出，曰："原将降矣。"军吏曰："请待之。"公曰："信，国之宝也，民之所庇也[1]。得原失信，何以庇之？所亡滋多。"退一舍而原降。迁原伯贯于冀[2]。赵衰为原大夫，狐溱为温大夫。

……

晋侯问原守于寺人勃鞮，对曰："昔赵衰以壶飧从[3]，径，馁而弗食。"故使处原。

晋文公守信降原

【注释】

〔1〕庇：庇护，庇荫。

〔2〕冀：在今山西河津。

〔3〕飧：食物。

【译文】

冬季,晋文公率军包围原邑,命令携带三天的军粮。到了第三天,原邑不投降,晋文公就下令离开。间谍从城里出来,说:"原邑准备投降了。"晋国的军官说:"请等待一下。"晋文公说:"信用,是国家的宝贝,是庇护百姓的东西。得到原邑而失去信用,用什么庇护百姓?只怕失去的东西将更多。"晋国退兵三十里,原邑投降。晋文公把原伯贯迁到冀地。任命赵衰做原大夫,狐溱做温大夫。

……

晋文公向寺人勃鞮(寺人披)询问镇守原邑的人选。勃鞮回答说:"以前赵衰用壶携带了食物跟随您,一个人走在小道上,不管多饿也不吃给您带的食物。"所以晋文公就任命赵衰为原大夫。

鲁展喜犒齐师

【原文】

夏,齐孝公伐我北鄙。卫人伐齐,洮之盟故也。

公使展喜犒师,使受命于展禽。齐侯未入竟[1],展喜从之,曰:"寡君闻君亲举玉趾,将辱于敝邑,使下臣犒执事。"齐侯曰:"鲁人恐乎?"对曰:"小人恐矣,君子则否。"齐侯曰:"室如县罄[2],野无青草,何恃而不恐?"对曰:"恃先王之命。昔周公、大公股肱周室,夹辅成王。成王劳之,而赐之盟曰:'世世子孙,无相害也。'载在盟府,大师职之。桓公是以纠合诸侯,而谋其不协,弥缝其阙,而匡救其灾,昭旧职也。及君即位,诸侯之望曰:'其率桓之功。'我敝邑用是不敢保聚[3],曰:'岂其嗣世九年,而弃命废职,其若先君何?君必不然。'恃此以不恐。"齐侯乃还。

【注释】

〔1〕竟:同"境"。

〔2〕室如县罄:是说家里什么东西也没有,空空荡荡。主要指粮食尽竭。县,通"悬"。罄,同"磬",一种用石或玉雕成的乐器,中空,排在架上,敲之有声。

〔3〕用是:因此。

【译文】

鲁僖公二十六年夏季，齐孝公进攻我国北部边境。卫国出兵攻打齐国，这是因为鲁、卫两国有洮地之盟。

僖公派遣展喜犒劳军队，并让他先向展禽请教如何措辞。齐孝公的军队还没有进入我国国境，展喜就已出境迎见，然后跟随着他，说："我的国君听说您亲自出动大驾，将要光临敝邑，所以派遣下臣来慰劳您的军队。"齐孝公问："鲁国人害怕吗？"展喜回答说："小人害怕了，君子就不是这样。"齐孝公说："房屋中像挂起的磬一样空无一物，四野里连青草都没有，靠什么不害怕？"展喜回答说："靠的是大周先王的命令。从前我们的始祖周公、贵国的太公辅佐周室，在左右协助成王。成王慰劳他们，赐给他们盟约，说：'你们世世代代的子孙不要互相侵犯。'这个盟约仍藏在盟府之中，由太史保管。贵国的先君齐桓公因此联合诸侯，而商讨解决他们之间的纠纷，弥补他们的缺失，救助他们的灾难，这都是显扬贵国太公的职责。等到您即位，各国盼望说：'他一定会继续桓公的功业！'因此敝邑不敢聚众防守，都说：'难道齐侯即位九年，就背弃成王之命，废弃太公之职了吗？否则，他怎么对得起太公和桓公呢？齐侯一定不会这样做的。'靠着这一点，所以不害怕。"齐孝公于是撤兵回国。

晋楚城濮之战

【原文】

楚子将围宋,使子文治兵于睽[1],终朝而毕,不戮一人[2]。子玉复治兵于蒍[3],终日而毕,鞭七人,贯三人耳。国老皆贺子文,子文饮之酒。蒍贾尚幼,后至,不贺。子文问之,对曰:"不知所贺。子之传政于子玉,曰:'以靖国也。'靖诸内而败诸外,所获几何?子玉之败,子之举也,举以败国,将何贺焉?子玉刚而无礼,不可以治民,过三百乘,其不能以入矣。苟入而贺,何后之有?"

【注释】

〔1〕治兵:指临战前的军事演习。
〔2〕戮:责罚。
〔3〕蒍:楚邑,地点不详。

【译文】

楚成王准备包围宋国,派遣子文在睽地军事演习。子文一早上就完事了,不责罚一个人。子玉又在蒍地军事演习,一天才完事,鞭打了七个人,用箭穿了三个人的耳朵。楚国的老臣们都祝贺子文,子文招待他们喝酒。蒍贾年纪小,后到,不祝贺。子文问他为什么,他回答说:"不知道祝贺什么。您把政权传给子玉,说:'为了安定国家。'安定于内而失败于外,所得到的有多少?子玉的对外作战失败,是由于您的推荐。您的推举而使国家失败,有什么可贺的呢?子玉刚愎无礼,不能让他治理军队,他率领的兵车超过三百乘,恐怕就不能胜利回来了。如果他凯旋了,再祝贺,有什么晚的呢?"

【原文】

冬,楚子及诸侯围宋。宋公孙固如晋告急。先轸曰:"报施、救患,取威、定霸,于是乎在矣。"狐偃曰:"楚始得曹,而新昏于卫,若伐曹、卫,楚必救之,则齐、宋免矣。"于是乎蒐于被庐[1],作三军,谋元帅。赵衰曰:"郤縠可[2]。臣亟闻其言矣[3],说礼、乐而敦《诗》《书》[4]。《诗》《书》,义之府也;礼、乐,德之则也;德、义,利之本也。《夏书》曰:'赋纳以言,明试以功,车服以庸。'君其试之。"乃使郤縠将中军,郤溱佐之。使狐偃将上军,让于狐毛而佐之。命赵衰为卿,让于栾枝、先轸。使栾枝将下军,先轸佐之。荀林父御戎,魏犨为右[5]。

【注释】

[1]蒐(sōu):检阅军队。
[2]郤縠(hú):晋大夫。
[3]亟闻:屡次听到,常常听到。
[4]敦:崇尚。
[5]魏犨(chōu):又称魏武子。

【译文】

冬季,楚成王和诸侯包围宋国。宋国的公孙固到晋国报告紧急情况。先轸说:"报答宋国的施恩,解救宋国的患难,在诸侯中取得威望,成就霸业,都在这一仗了。"狐偃说:"楚国刚刚得到曹国的同盟,又新近与卫国联姻,如果攻打曹、卫两国,楚国必定救援,那么齐国和宋国就可以免于被攻打了。"晋国因此在被庐阅兵,建立上、中、下三军,商量元帅的人选。赵衰说:"郤縠可以胜任。我屡次听他谈论,他喜爱礼、乐而崇尚《诗》《书》。《诗》《书》,是道义的府库;礼乐,是德行的准则;道德礼义,是利益的根本。《夏书》说:'使用一个人,应全面听取他的意见,把具体的任务交给他,使他受到明白的考验,如果成功,用车马服饰作为酬劳。'您不妨试一下!"于是晋文公派郤縠率领中军,郤溱辅助他;派狐偃率领上军,狐偃让给狐毛而自己辅助他;任命赵衰为卿,赵衰让给栾枝、先轸;命栾枝率领下军,先轸辅助他。荀林父为晋文公驾驭战车,魏犨担任车右。

【原文】

晋侯始入而教其民,二年欲用之。子犯曰:"民未知义,未安其居。"于是乎出定襄王,入务利民,民怀生矣[1],将用之。子犯曰:"民未知信,未宣其用[2]。"于是乎伐原以示之信,民易资者[3],不求丰焉[4],明征其辞[5]。公曰:"可矣乎?"子犯曰:"民未知礼,未生其共。"于是乎大蒐以示之礼,作执秩以正其官[6]。民听不惑,而后用之。出穀戍,释宋围,一战而霸,文之教也。

【注释】

[1]怀生:安于生计。
[2]未宣其用:未明守信的作用。宣,明也。
[3]易资:交换商品,即做买卖。

〔4〕不求丰：不妄求多得财物，占对方便宜。丰，多得。

〔5〕明征其辞：明证其言无欺，恪守信义。

〔6〕执秩：掌管爵禄等级之官。

【译文】

晋文公一回国，就训练百姓作战，过了两年，就想使用他们作战。子犯说："百姓还不知道道义，还没能各安其位。"于是在外，晋文公安定周襄王的君位；在内，致力于为百姓谋福利。百姓于是都安于他们的生计。晋文公又打算使用他们作战，子犯说："百姓还不知道信用，还不能明白守信的作用。"于是晋文公就攻打原国来让百姓明白守信的作用，百姓做买卖不求暴利，交易分明，恪守信义。晋文公说："行了吗？"子犯说："百姓还不知道礼仪，没能使他们产生恭敬之心。"因此举行盛大的阅兵来让百姓看到礼仪，建立执秩之法来规定官员的职责。等到百姓看到事情就能明辨是非，然后才使用他们作战。于是，赶走穀地的驻军，解除宋国的包围，一战而称霸诸侯。这都是文公的教化所致。

【原文】

二十八年春，晋侯将伐曹，假道于卫，卫人弗许。还，自南河济[1]，侵曹伐卫。正月戊申，取五鹿[2]。二月，晋郤縠卒。原轸将中军，胥臣佐下军，上德也。

晋侯、齐侯盟于敛盂[3]。卫侯请盟，晋人弗许。卫侯欲与楚，国人不欲，故出其君，以说于晋。卫侯出居于襄牛[4]。

公子买戍卫，楚人救卫，不克。公惧于晋，杀子丛以说焉。谓楚人曰："不卒戍也。"

【注释】

〔1〕南河：南津，亦称济河、棘河，在今河南淇县之南，延津之北，河道现已淤塞。

〔2〕五鹿：卫地，在今河南濮阳。

〔3〕敛盂：卫地，在今河南濮阳。

〔4〕襄牛：卫地，在今河南范县。

【译文】

鲁僖公二十八年春季，晋文公准备攻打曹国，向卫国借路，卫国不答应。晋军回师，从南边渡过黄河，入侵曹国，攻打卫国。正月初九，占取了五鹿。二月，晋中军将郤縠死了，由原轸（即先轸）率领中军，胥臣为下军佐，这是重视才德。

晋文公和齐昭公在敛盂结盟。卫成公请求参加盟约，晋国人不答应。卫成公想转而结好楚国，国内的人们不愿意，所以赶走了他们的国君卫成公，以此取悦晋国。卫成公离开国都住在襄牛。

鲁国派公子买戍守卫国，楚国人救援卫国，没有成功。鲁僖公害怕晋国，于是杀了公子买来讨好晋国。骗楚国人说："戍守期限未到他就想撤走，所以杀了他。"

【原文】

晋侯围曹，门焉，多死。曹人尸诸城上，晋侯患之。听舆人之谋曰："称舍于墓。"师迁焉。曹人凶惧，为其所得者，棺而出之。因其凶也而攻之。三月丙午，入曹。数之以其不用僖负羁，而乘轩者三百人也，且曰："献状。"令无入僖负羁之宫而免其族，报施也。魏犨、颠颉怒曰："劳之不图，报于何有？"爇僖负羁氏。魏犨伤于胸，公欲杀之，而爱其材。使问且视之，病，将杀之。魏犨束胸见使者，曰："以君之灵，不有宁也。"距跃三百，曲踊三百，乃舍之。杀颠颉以徇于师，立舟之侨以为戎右。

【译文】

晋文公发兵包围曹国，攻城门时战死了很多人。曹军把晋军的尸体陈列在城上，晋文公很担心。他听到众人的主意说"要在曹国人的墓地宿营"。晋文公就把军队迁行至曹人墓地。曹国人十分恐惧，就把他们得到的晋军尸体装进棺材运出来。趁着曹军恐惧的时候，晋军开始攻城。三月初八，晋军攻入曹国都城。晋人责备曹国不任用僖负羁，做官坐车的反倒有三百人，并且说："要供认当年观看晋文公洗澡的罪状。"晋文公下令不许进入僖负羁的家里，同时赦免他的族人，这是为了报答僖负羁当年的恩惠。魏犨、颠颉发怒说："不为我们这些有功劳苦劳的人着想，还报答个什么恩惠？"于是放火烧了僖负羁的家。魏犨胸部受伤，晋文公想杀死他，但又爱惜他的才能，因此派使者去慰问他，并察看他的病情，如果伤势很重，就准备杀了他。魏犨包裹好胸部伤口出见使者，说："托国君的福，我不是好好的吗？"说着就向上跳了三次，又回身向前跳了三次。晋文公于是就饶恕了他，而杀死颠颉通报全军，立舟之侨为车右。

【原文】

宋人使门尹般如晋师告急。公曰："宋人告急，舍之则绝，告楚不许。我欲战矣，齐、秦未可，若之何？"先轸曰："使宋舍我而赂齐、秦，藉之告楚。我执曹君，而分曹、卫之田以赐宋人。楚爱曹、卫，必不许也。喜赂怒顽，能无战乎？"公说，执曹伯，分曹、卫之田以畀宋人。

【译文】

宋国派门尹般向晋军求救。晋文公说:"宋国来报告危急情况,不去救他就断绝了交往;请求楚国撤兵,楚人一定不答应。我们要同楚国作战,齐国和秦国又不同意。怎么办?"先轸说:"设法让宋国丢开我国,而去给齐国、秦国赠送财礼,假借他们两国去请求楚国退兵。我们扣留曹国国君,把曹国、卫国的田地分赐给宋国。楚国与曹国、卫国亲善,必定不答应齐国和秦国的请求。齐国和秦国既高兴于得了宋国的财礼,又恼怒楚国的顽固,这样,他们能不参战吗?"晋文公听了很高兴,就扣住曹共公,把曹国和卫国的田地分给了宋国人。

【原文】

楚子入居于申,使申叔去穀,使子玉去宋,曰:"无从晋师。晋侯在外十九年矣,而果得晋国。险阻艰难,备尝之矣;民之情伪,尽知之矣。天假之年,而除其害。天之所置,其可废乎?《军志》曰[1]:'允当则归。'又曰:'知难而退。'又曰:'有德不可敌。'此三志者,晋之谓矣。"子玉使伯棼请战,曰:"非敢必有功也,愿以间执谗慝之口。"王怒,少与之师,唯西广、东宫与若敖之六卒实从之。

【注释】

[1]《军志》:古之兵书,已佚。

【译文】

楚成王驻兵于申城,让申叔撤离穀地,让子玉撤离宋国,说:"不要去追逐晋国军队。晋文公流亡在外十九年,结果得到了晋国,当了国君。险阻艰难,他都尝过了;民情真假,他都知道了。上天给予他这样长的寿命，又帮他把政敌都剪除了，这是上天要树立他，难道可以废除吗？《军志》说：'适可而止。'又说：'知难而退。'又说：'有德的人不可抵挡。'这三条记载，都适用于晋国。"子玉派遣伯棼向成王请战，说："不敢说一定能立功，愿意以此塞住奸邪小人的嘴巴。"楚成王怒他不肯撤离宋国，反而请兵要和晋军开战，便故意给他少量军队，只有西广、东宫甲兵和若敖氏的宗族亲军六卒跟去。

【原文】

子玉使宛春告于晋师曰："请复卫侯而封曹，臣亦释宋之围。"子犯曰："子玉无礼哉！君取一，臣取二，不可失矣。"先轸曰："子与之，定人之谓礼，楚一言而定三国，我一言而亡之。我则无礼，何以战乎？不许楚言，是弃宋也；救而弃之，谓诸侯何？楚有三施，我有三怨，怨仇已多，将何以战？不如私许复曹、卫以携之，执宛春以怒楚，既战而后图之。"公说，乃拘宛春于卫，且私许复曹、卫。曹、卫告绝于楚。

【译文】

子玉派宛春通告晋军说："请恢复卫侯和曹伯的君位，同时把土地退还给卫国和曹国，我也就解除对宋国的包围。"子犯说："子玉无礼啊！给我们国君的，只是解除对宋国的包围一项好处；他为人臣，要求君王给出的，却是恢复卫、曹两国国君和田地两项好处。这次作战的机会不可失掉。"先轸说："国君您应答应他，安定别人叫作礼，楚国一句话而安定三国，我们一句话而使它们灭亡。那是我们无礼，这样，拿什么作战呢？不答应楚国的请求，这是抛弃宋国；既然来救援，结果又抛弃它，怎么向诸侯列国交代呢？楚国一句话给三国带来恩惠，我们一句话使三国都埋怨我们。怨仇既已多了,又准备拿什么作战?不如私下答应恢复曹国和卫国来离间他们,扣留宛春来激怒楚国,其余的等打完仗再说。"晋文公很高兴,于是把宛春囚禁在卫国,同时私下允诺恢复曹、卫。曹、卫于是宣告与楚国绝交。

先轸诡谋激子玉

【原文】

子玉怒,从晋师。晋师退。军吏曰:"以君辟臣,辱也。且楚师老矣,何故退?"子犯曰:"师直为壮,曲为老。岂在久乎?微楚之惠不及此,退三舍辟之,所以报也。背惠食言,以亢其仇,我曲楚直,其众素饱,不可谓老。我退而楚还,我将何求?若其不还,君退臣犯,曲在彼矣。"退三舍。楚众欲止,子玉不可。

【译文】

子玉发怒,追逐晋军。晋军撤退。军吏说:"我们国君倒要躲避他们臣下,这是耻辱;而且楚军长期在外,士气已经衰疲,我们为什么撤退?"子犯说:"出兵作战,有理就气壮,无理就气衰,哪里在乎在外边时间的长短呢?如果没有楚国的恩惠,我们就没有今天。退三舍躲避他们,就是作为报答。背弃恩惠而说话不算数,又去庇护他们的敌人,我们理亏而楚国理直,加上他们的士气一向饱满,不能算是衰疲。我们退走,如果楚军也撤回,我们还苛求什么?如果他们不撤兵,那么,为君的已经退兵，为臣的还要进犯，他们就理亏了。"于是晋军退避三舍。楚国将士要求停下来，子玉不同意。

【原文】

夏四月戊辰，晋侯、宋公、齐国归父、崔夭、秦小子憗次于城濮。楚师背酅而舍[1]，晋侯患之。听舆人之诵曰："原田每每[2]，舍其旧而新是谋。"公疑焉。子犯曰："战也。战而捷，必得诸侯。若其不捷，表里山河，必无害也。"公曰："若楚惠何？"栾贞子曰："汉阳诸姬，楚实尽之。思小惠而忘大耻，不如战也。"晋侯梦与楚子搏，楚子伏己而盬其脑[3]，是以惧。子犯曰："吉。我得天，楚伏其罪，吾且柔之矣。"

【注释】

〔1〕背酅（xī）而舍：背靠险阻之地安营，以示决战之志。
〔2〕原田每每：宽阔平坦的土地，植物生长繁茂。
〔3〕盬（gǔ）：吸饮。

【译文】

鲁僖公二十八年夏季四月初一，晋文公、宋成公、齐国大夫国归父和崔夭、秦国的小子憗驻军城濮。楚军背靠着险要丘陵扎营，晋文公担心楚人凭险进攻。他听到士兵念诵："宽阔平坦的土地，绿草油油，丢开旧的而对新的加以犁锄。"晋文公仍然犹豫不决。子犯说："出战吧！战而得胜，一定得到诸侯拥戴。如果不胜，我国外有大河，内有高山可以作为屏障，一定没有什么害处。"晋文公说："那楚国的恩惠怎么办？"栾枝（即栾贞子）说："汉水以北的姬姓诸国都被楚国吞并了。想着小恩惠，而忘记大耻大辱，不如出战。"晋文公梦见和楚王搏斗，楚王伏在自己身上吮吸自己的脑浆，因而害怕。子犯说："这是吉兆。

我在下面脸朝天,是我得天助;他在上面脸朝地,是楚国服罪。我们将要以柔制服他们了。"

【原文】

子玉使斗勃请战,曰:"请与君之士戏,君冯轼而观之,得臣与寓目焉。"晋侯使栾枝对曰:"寡君闻命矣。楚君之惠,未之敢忘,是以在此。为大夫退,其敢当君乎?既不获命矣,敢烦大夫,谓二三子:'戒尔车乘,敬尔君事,诘朝将见。'"

晋车七百乘,韅、靷、鞅、靽。晋侯登有莘之虚以观师[1],曰:"少长有礼,其可用也。"遂伐其木,以益其兵[2]。

【注释】

[1]虚:同"墟",土丘或废城址。此指莘国之废城墙。
[2]兵:指兵器,如矛、戈等,皆以木为柄。

【译文】

子玉派斗勃向晋国请战,说:"我军愿和贵君的斗士做一次角力游戏,请贵君靠着车轼观看,得臣可以陪同贵君一起观看。"晋文公派栾枝回答说:"我们国君听到贵国的命令了。楚君的恩惠,我们不敢忘记,所以才撤到这里。我们以为大夫已经退兵了,臣下难道敢抵挡国君吗?既然大夫不肯退兵,那就烦请大夫对贵国将士们说:'驾好你们的战车,忠于你们的国事,明天早晨将见面。'"

晋国战车七百辆,装备齐全。晋文公登上莘国的废城墙检阅军队,说:"年少的和年长的,排列有序,合于礼,可以使用了。"于是命令砍伐山上的树木,补充武器。

【原文】

己巳，晋师陈于莘北，胥臣以下军之佐当陈、蔡。子玉以若敖之六卒将中军，曰："今日必无晋矣。"子西将左，子上将右。胥臣蒙马以虎皮，先犯陈、蔡。陈、蔡奔，楚右师溃。狐毛设二旆而退之。栾枝使舆曳柴而伪遁，楚师驰之，原轸、郤溱以中军公族横击之。狐毛、狐偃以上军夹攻子西，楚左师溃。楚师败绩。子玉收其卒而止，故不败。

晋师三日馆、谷，及癸酉而还。甲午，至于衡雍，作王宫于践土。

【译文】

初二，晋军在莘北摆开阵势，下军副帅胥臣率军抵御陈、蔡两国军队。子玉用若敖的亲兵作为中军，说："今天一定会消灭晋军。"子西率领左军，子上（即斗勃）率领右军。胥臣把老虎皮蒙在战马身上，先攻陈、蔡两军。陈、蔡两军奔逃，楚军的右翼部队溃散。狐毛竖起两面大旗，冒充晋中军撤退，栾枝让兵车拖着木柴假装逃走，楚军追击。原轸、郤溱率领中军的禁卫军拦腰袭击楚军。狐毛、狐偃率领上军夹攻子西，楚国的左翼部队溃败。楚军大败。子玉收兵不动，所以得以不败。

晋军休整三天，吃楚军留下的粮食，到初六起程回国。二十七日，晋军到达衡雍，晋文公在践土为周天子建造了一座行宫。

【原文】

乡役之三月，郑伯如楚致其师。为楚师既败而惧，使子人九行成于晋。晋栾枝入盟郑伯。五月丙午，晋侯及郑伯盟于衡雍。丁未，献楚俘于王：驷介百乘，徒兵千。郑伯傅王，用平礼也。己酉，王享醴，命晋侯宥。王命尹氏及王子虎、内史叔兴父策命晋侯为侯伯，赐之大辂之服[1]，戎辂之服[2]，彤弓一[3]，彤矢百，玈弓矢千[4]，秬鬯一卣[5]，虎贲三百人。曰："王谓叔父，敬服王命，以绥四国，纠逖王慝。"晋侯三辞，从命，曰："重耳敢再拜稽首，奉扬天子之丕显休命[6]。"受策以出，出入三觐。

【注释】

[1]大辂：大车也。天子之车称大辂，祭祀时乘用，可以赐有功之诸侯。大辂为总名，又具体分为玉辂、金辂、象辂、革辂、木辂五种。

[2]戎辂：兵车。

[3]彤弓：赤色之弓。

[4]玈（lú）弓矢：黑色之弓箭。

[5]秬（jù）鬯（chàng）：指用黑黍加香草酿成的香酒，古人用以降神。秬，黑黍。卣（yǒu）：酒器。

[6]丕显休命：形容天子的命令伟大、光明、美好。丕，大也。休，美也。

【译文】

这一战役之前的三个月，郑文公派军队到楚国助战。因为楚军失败，郑文公害怕了，派遣子人九同晋国讲和。晋国的栾枝进入郑国和郑文公订立盟约。五月初九，晋文公和郑文公在衡雍结盟。初十，晋

晋文公称霸

文公把楚国的战俘献给周天子：驷马披甲的战车一百辆，步兵一千人。郑文公作为相礼，用的是周平王时的礼仪。十二日，周天子设享礼用甜酒招待晋文公，又允许他向自己回敬酒。周天子命令尹氏、王子虎和内史叔兴父以策书任命晋文公为诸侯的领袖，赐给他大辂车、戎辂车以及相应的服装仪仗，红色的弓一把、红色的箭一百支，黑色的弓十把、黑色的箭一千支，黑黍加香草酿造的香酒一卣，虎贲勇士三百人，说：" 天子对叔父说：'请恭敬地服从天子的命令，以安抚四方诸侯，惩治王朝的邪恶之人。'"晋文公辞谢三次，才接受命令，说："重耳谨再拜叩头，接受并发扬天子伟大、光明、美好的赐命。"于是晋文公接受策书离开了成周。从进入成周到离开，晋文公朝觐天子三次。

【原文】

卫侯闻楚师败，惧，出奔楚，遂适陈，使元咺奉叔武以受盟。癸亥，王子虎盟诸侯于王庭，要言曰："皆奖王室，无相害也。有渝此盟，明神殛之，俾队其师，无克祚国，及尔玄孙，无有老幼。"君子谓是盟也信，谓晋于是役也，能以德攻。

【译文】

卫成公听说楚军失败，害怕，逃亡到楚国，又逃到陈国，派元咺侍奉叔武去接受诸侯的盟约。二十六日，王子虎和诸侯在天子的住处盟誓，约定说："大家都要辅助王室，不要互相残害。谁要违背盟约，就要受到神的诛杀，使他的军队败亡，不能享有国家，而且一直殃及子孙，不论老幼。"君子认为这次盟约是守信用的，认为晋国在这次战役中，能够用道德的力量来讨伐楚国。

【原文】

初，楚子玉自为琼弁、玉缨[1]，未之服也。先战，梦河神谓己曰："畀余，余赐女孟诸之麋[2]。"弗致也，大心与子西使荣黄谏，弗听。荣季曰："死而利国，犹或为之，况琼玉乎？是粪土也，而可以济师，将何爱焉？"弗听。出，告二子曰："非神败令尹，令尹其不勤民，实自败也。"既败，王使谓之曰："大夫若入，其若申、息之老何？"子西、孙伯曰："得臣将死。二臣止之曰：'君其将以为戮。'"及连穀而死。

晋侯闻之而后喜可知也，曰："莫余毒也已！蒍吕臣实为令尹，奉己而已，不在民矣。"

【注释】

〔1〕琼弁、玉缨：皆为马的装饰品。琼弁，饰以赤玉的马冠，即在马笼头上缀以赤玉。玉缨，是在马鞅上饰以玉。

〔2〕孟诸：指宋国之沼泽地，在今河南商丘。麋：同"湄"，水边草地。

【译文】

子玉自杀

当初，楚国的令尹子玉自己制作了镶玉的马冠、马鞅，还没有使用。作战之前，梦见黄河河神对他说："把这些东西送给我，我赐给你孟诸的沼泽地。"子玉没有送去。他儿子大心和子西让荣黄劝谏，子玉不听。荣黄

（即荣季）说："如果有利于国家，牺牲性命也要去做，何况是美玉呢？和国家比起来，这不过是粪土而已。如果可以使军队打胜仗，有什么可爱惜的？"子玉仍然不肯。荣黄出来告诉大心、子西说："不是神明让令尹失败，而是令尹不以百姓的事情为重，实在是自取失败啊。"子玉战败之后，楚成王派使臣对子玉说："申、息的子弟大多战死了，大夫如果回来，怎么向申、息两地的父老交代呢？"子西、孙伯（即大心）对使者说："子玉打算自杀，我们两个阻拦他说：'不要自杀，等着国君来制裁你吧。'"到达连谷，子玉就自杀了。

晋文公听说子玉自杀了，喜形于色，说："子玉一死，再没有人能害我了。蒍吕臣接任令尹，不过是奉养自己而已，并不是为了百姓。"

烛之武退秦师

【原文】

九月甲午,晋侯、秦伯围郑,以其无礼于晋,且贰于楚也。晋军函陵[1],秦军氾南[2]。

佚之狐言于郑伯曰:"国危矣,若使烛之武见秦君,师必退。"公从之。辞曰:"臣之壮也,犹不如人,今老矣,无能为也已。"公曰:"吾不能早用子,今急而求子,是寡人之过也。然郑亡,子亦有不利焉。"许之。

【注释】

[1]函陵:在今河南新郑。
[2]氾:水名,在今河南中牟。

【译文】

鲁僖公三十年九月初十,晋文公、秦穆公率军包围郑国,因为郑国当年对晋文公无礼,而且亲附楚国。晋军驻扎在函陵,秦军驻扎在氾水南。

佚之狐对郑文公说:"国家危急了。如果派遣烛之武去见秦穆公,秦、晋两国一定退兵。"郑文公采纳了这个建议。烛之武推辞说:"臣下年壮的时候,尚且不如别人;现在老了,无能为力了。"郑文公说："我没能及早任用您，现在形势危急而来求您，这是我的过错。但郑国灭亡，对您也不利啊。"于是烛之武答应了。

【原文】

夜，缒而出[1]，见秦伯，曰："秦、晋围郑，郑既知亡矣。若亡郑而有益于君，敢以烦执事。越国以鄙远，君知其难也，焉用亡郑以陪邻？邻之厚，君之薄也。若舍郑以为东道主，行李之往来[2]，共其乏困[3]，君亦无所害。且君尝为晋君赐矣，许君焦、瑕，朝济而夕设版焉，君之所知也。夫晋，何厌之有？既东封郑，又欲肆其西封，若不阙秦，将焉取之？阙秦以利晋，唯君图之。"

【注释】

〔1〕缒（zhuì）：用绳子绑住身子，从城墙上吊下去。
〔2〕行李：往来之使者。
〔3〕共其乏困：供其食宿之需。

烛之武退秦师

【译文】

夜里，烛之武用绳子把自己从城墙上吊到城外，进见秦穆公，说："秦、晋两国包围郑国，郑国已经知道自己要灭亡了。如果灭亡郑国而对您有好处，那就麻烦你们进攻吧。越过别国而以远方的土地作为边邑，您知道是很困难的，为什么要灭亡郑国去增加邻国——晋国的土地呢？邻国的实力加强，你们就要被削弱。如果赦免郑国，让郑国做您东道的主人，贵国使者经过郑国，可供应他们食宿之需，这样对您也没有害处。而且您曾经给晋国国君施加过恩惠，他答应把焦、瑕两地送给您作为报答，可是他早晨渡过黄河回国，晚上就设版筑城，这是您所知道的。晋国哪有满足？如果灭了郑国，晋国把郑国作为它东边的疆界，就必定要肆意扩大它西边的疆界。扩大西边的疆界，如果不侵占秦国的领土，还能到哪里取得土地呢？损害秦国而利于晋国的事，请您考虑。"

【原文】

　　秦伯说，与郑人盟，使杞子、逢孙、扬孙戍之，乃还。
　　子犯请击之。公曰："不可。微夫人之力不及此。因人之力而敝之，不仁；失其所与，不知；以乱易整，不武。吾其还也。"亦去之。

【译文】

　　秦穆公很高兴，就和郑国人结了盟，留下杞子、逢孙、扬孙在郑国戍守，自己就撤兵回去了。
　　子犯请求攻击秦军。晋文公说："不行。如果没有那个人（秦穆公）的帮助，我不会有今天这个地位。依靠过别人的力量，反而伤害他，这是不仁；失掉了同盟国，这是不智；用动乱代替和睦，这是不武。我们还是回去吧。"晋文公也撤兵离开了郑国。

秦晋殽之战

【原文】

冬,晋文公卒。庚辰,将殡于曲沃[1],出绛,柩有声如牛。卜偃使大夫拜,曰:"君命大事,将有西师过轶我[2],击之,必大捷焉。"

杞子自郑使告于秦曰:"郑人使我掌其北门之管,若潜师以来,国可得也。"穆公访诸蹇叔,蹇叔曰:"劳师以袭远,非所闻也。师劳力竭,远主备之,无乃不可乎!师之所为,郑必知之。勤而无所,必有悖心。且行千里,其谁不知?"公辞焉。召孟明、西乞、白乙,使出师于东门之外。蹇叔哭之曰:"孟子,吾见师之出而不见其入也。"公使谓之曰:"尔何知?中寿,尔墓之木拱矣。"蹇叔之子与师,哭而送之,曰:"晋人御师必于殽。殽有二陵焉。其南陵,夏后皋之墓也;其北陵,文王之所辟风雨也。必死是间,余收尔骨焉。"秦师遂东。

【注释】

〔1〕殡:人死入殓而未葬。
〔2〕过轶:越境而过。轶,自后向前。

【译文】

鲁僖公三十二年冬季,晋文公死。十二月初十,准备把晋文公的棺材送往曲沃停放,离开绛城,棺材里发出像牛叫的声音。卜偃请晋大夫们跪拜,说:"国君在发布军事命令:西边的军队将越过我国境内,如果攻击他们,必定大胜。"

秦将杞子从郑国派人报告秦穆公说:"郑国人让我掌管都城北门的钥匙,如果偷偷发兵前来,可以占领他们的国都。"秦穆公为此咨询蹇叔。蹇叔说:"使军队疲劳而去侵袭相距遥远的国家,我还没有听说过。军队疲劳,战斗力衰竭,远方的国家又有防备,恐怕不行吧!我们军队的行动,郑国一定会知道,费了力气不讨好,军队一定将产生抵触情绪。而且行军千里,又有谁会不知道?"秦穆公不接受他的意见,召见孟明、西乞、白乙,让他们在东门外出兵。蹇叔哭着送他们说:"孟明,我看到军队出去而看不到回来了!"秦穆公派人对他说:"你知道什么?如果你活到六七十岁就死去,你坟上的树木已经长到一抱粗了。"蹇叔的儿子也在这次出征的军队里,蹇叔哭着送他,说:"晋国人必定在殽山伏击你们。殽山有两座山陵。它的南陵,是夏王帝皋的坟墓;它的北陵,是周文王避过风雨的地方。你必定死在两座山陵之间,我去那里收你的尸骨吧!"秦国军队于是出发东进。

【原文】

三十三年春,秦师过周北门,左右免胄而下[1],超乘者三百乘。王孙满尚幼,观之,言于王曰:"秦师轻而无礼,必败。轻则寡谋,无礼则脱[2]。入险而脱,又不能谋,能无败乎?"

及滑,郑商人弦高将市于周,遇之,以乘韦先[3],牛十二犒师，曰："寡君闻吾子将步师出于敝邑，敢犒从者，不腆敝邑[4]，为从者之淹，居则具一日之积，行则备一夕之卫。"且使遽告于郑。

【注释】

〔1〕左右免胄而下：古之兵车，御者在中，持弓者在左，持矛者在右。过王城时，左右下车并脱去头盔，却未去其甲，亦可能收其兵器。这与当时之礼不合。胄，武士的头盔，古称"兜鍪"。

〔2〕脱：粗疏大意。

〔3〕以乘韦先：先送上四张熟皮革。古人馈赠礼品先以薄物为引，后送贵重之物。乘，四。韦，熟皮革。

〔4〕不腆：为当时客套话，不富厚之意。

【译文】

鲁僖公三十三年春季，秦国军队经过成周王城的北门，战车上除御者以外，车左、车右都仅脱去头盔，下车步行；又有三百辆战车的将士，刚下车又轻率地一跃登车而去。王孙满年纪还小，看到了，对周天子说："秦国军队轻佻而无礼，一定失败。轻佻就缺少计谋，无礼就会粗疏大意。进入险地而粗疏大意，又没有谋略，能不打败仗吗？"

秦军到达滑国，郑国的商人弦高准备到成

弦高假命犒秦军

周做买卖,碰到秦军,先送秦军四张熟皮革做引礼,再送十二头牛犒劳秦军,说:"我们国君听说贵军行军将经过敝邑,谨派我来犒赏您的部下。敝邑虽不富裕,不过为了贵军在这里停留,住下就预备一天的供应,离开就准备一夜的守卫。"弦高同时又派邮车紧急向郑国报告。

【原文】

郑穆公使视客馆,则束载、厉兵、秣马矣。使皇武子辞焉,曰:"吾子淹久于敝邑,唯是脯资、饩牵竭矣。为吾子之将行也,郑之有原圃[1],犹秦之有具囿也[2],吾子取其麋鹿,以闲敝邑,若何?"杞子奔齐,逢孙、扬孙奔宋。

孟明曰:"郑有备矣,不可冀也。攻之不克,围之不继,吾其还也。"灭滑而还。

【注释】

[1]原圃:郑国放养禽兽的猎场,在今河南。
[2]具囿:秦国放养禽兽的猎场,在今陕西。

【译文】

郑穆公派人去探看秦将杞子等人驻扎的馆舍,发现他们已经装束好行装,磨利武器,喂饱马匹了。郑穆公派皇武子辞谢他们,说:"大夫们久住在敝邑,敝邑的干肉、粮食、牲口都竭尽了。为了大夫们将要离开,郑国的原圃,就如同秦国的具囿,大夫们自己猎取麋鹿,使敝邑得到休息,诸位认为怎么样?"于是杞子逃到齐国,逢孙、扬孙逃到宋国。

孟明说:"郑国已有防备,袭击郑国已无指望了。攻打郑国不能取胜,包围它又没有后援,我们还是回去吧。"于是灭掉了滑国就回去了。

【原文】

晋原轸曰:"秦违蹇叔,而以贪勤民,天奉我也。奉不可失,敌不可纵,纵敌患生,违天不祥,必伐秦师。"栾枝曰:"未报秦施而伐其师,其为死君乎?"先轸曰:"秦不哀吾丧而伐吾同姓,秦则无礼,何施之为?吾闻之,一日纵敌,数世之患也。谋及子孙,可谓死君乎?"遂发命,遽兴姜戎,子墨衰绖,梁弘御戎,莱驹为右。

夏四月辛巳,败秦师于殽,获百里孟明视、西乞术、白乙丙以归。遂墨以葬文公,晋于是始墨[1]。

文嬴请三帅,曰:"彼实构吾二君,寡君若得而食之,不厌,君何辱讨焉!使归就戮于秦,以逞寡君之志,若何?"公许之。

先轸朝,问秦囚。公曰:"夫人请之,吾舍之矣。"先轸怒曰:"武夫力而拘诸原,妇人暂而免诸国。堕军实而长寇仇[2],亡无日矣。"不顾而唾。

晋襄公墨缞败秦

【注释】

〔1〕始墨:由此开始,以穿黑色丧服为俗。

〔2〕堕军实:毁弃将士们获得的战果。堕,毁也。军实,战斗成果,此指俘获的秦囚。

【译文】

晋国的先轸(即原轸)说:"秦君违背蹇

叔的忠告，由于他的贪婪之心而使百姓劳苦，这是上天给予我们的机会。机会不能丢失，敌人不能随便放走。放走敌人，就会发生祸患；违背天意，就不吉利。一定要进攻秦国军队。"栾枝说："没有报答秦国的恩惠反而攻打它的军队，心中还有死去的国君吗？"先轸说："秦国不为我们的丧事悲伤，反而攻打我们的同姓国家，秦国就是无礼，还讲什么恩惠？我听说'放走敌人一天，就是后世几代的祸患'。我们要为子孙后代打算，这可以对死去的国君说了吧！"于是就发布出击秦军的命令，并且立即动员姜戎的军队参战。晋文公的儿子晋襄公穿着染成黑色的丧服出征，梁弘为他驾驭战车，莱驹作为车右。

夏四月十三日，晋军在殽山打败秦国军队，并且俘虏了百里孟明视、西乞术、白乙丙三个指挥官。于是就穿着黑色的丧服安葬晋文公。晋国从此开始以黑色丧服为俗。

文嬴请求把三位指挥官释放回国，说："他们挑拨我们两国国君的关系，秦君如果抓到他们，就是吃他们的肉也不会解恨，何必劳君王去惩罚他们呢？让他们回到秦国受刑，以满足秦君的意愿，怎么样？"晋襄公同意了。

先轸朝见晋襄公，问起秦国的俘虏，晋襄公说："母亲代他们提出请求，我就放他们走了。"先轸生气地说："勇士们花力气在战场上抓获他们，一个女人说几句话就在国都把他们放了。这是毁弃自己的战果而长了敌人的志气，这样下去晋国快要灭亡了！"说完在襄公面前不回头就吐唾沫。

【原文】

公使阳处父追之，及诸河，则在舟中矣。释左骖[1]，以公命赠孟明。孟明稽首曰："君之惠，不以累臣衅鼓[2]，使归就戮于秦，寡君之以为戮，死且不朽。若从君惠而免之，三年将拜君赐。"

秦伯素服郊次，乡师而哭，曰："孤违蹇叔，以辱二三子，孤之罪也。"不替孟明，曰："孤之过也，大夫何罪？且吾不以一眚掩大德[3]。"

【注释】

〔1〕释左骖：把左边那匹马解下来。左骖，古之兵车由四匹马并列驾驶，最左边的一匹称"左骖"。

〔2〕衅鼓：以血涂鼓。此处是杀死之意。衅，古代器物如钟、鼓等新成，要杀牲以血涂祭，称"衅"。

〔3〕眚：眼病。引申为过失。

【译文】

晋襄公派阳处父追赶放走的三个人，追到黄河边上，他们已经上船了。阳处父解下左边的骖马，以晋襄公的名义赠送给他们。孟明叩头拜谢说："承蒙贵国君的恩惠，不用我们这些被囚之臣去祭鼓，让我们回到秦国去受刑，秦君如果杀了我们，死而不朽。如果托贵君的恩惠而赦免我们，三年之后我们再来拜谢贵君的恩赐。"

秦穆公穿着素服在郊外等待孟明他们，并对着被释放回来的将士号哭，说："我违背了蹇叔的忠告，使你们几位受到侮辱，这是我的罪过啊。"秦穆公没有撤换孟明的职务，说："这是我的过错，大夫有什么罪？而且我不能用一次的过失来掩盖你们的大德。"

宋昭之弑

【原文】

夏四月，宋成公卒。于是公子成为右师，公孙友为左师，乐豫为司马，鳞矔为司徒，公子荡为司城，华御事为司寇。

昭公将去群公子，乐豫曰："不可！公族，公室之枝叶也；若去之，则本根无所庇阴矣。葛藟犹能庇其本根[1]，故君子以为比，况国君乎？此谚所谓'庇焉而纵寻斧焉'者也。必不可！君其图之。亲之以德，皆股肱也，谁敢携贰？若之何去之？"不听。

【注释】

[1]葛藟（lěi）：葡萄科植物。

【译文】

鲁文公七年夏四月，宋成公去世。这时候公子成担任右师，公孙友担任左师，乐豫担任司马，鳞矔担任司徒，公子荡担任司城，华御事担任司寇。

宋昭公准备铲除诸公子，乐豫说："不行！国君的同族是公室的枝叶；如果剪除枝叶，那么树干、树根就没有庇护的东西了。葛藟尚且能庇护它的躯干和根脉，所以君子用它比喻兄弟之间的互相保护，何况是国君呢？这就是谚语所说的'有树遮阴，却要用斧头砍掉它'。一定不可以这样做！国君您仔细考虑一下。应该用德行去亲近诸公子，他们都是左右辅弼之臣，谁敢存二心？为什么要除掉他们呢？"昭公不听劝。

【原文】

穆、襄之族率国人以攻公，杀公孙固、公孙郑于公宫。六卿和公室，乐豫舍司马以让公子卬。昭公即位而葬。

……

宋襄夫人，襄王之姊也，昭公不礼焉。夫人因戴氏之族，以杀襄公之孙孔叔、公孙钟离及大司马公子卬，皆昭公之党也。司马握节以死，故书以官。司城荡意诸来奔，效节于府人而出[1]。公以其官逆之，皆复之。亦书以官，皆贵之也。

……

宋公子鲍礼于国人，宋饥，竭其粟而贷之。年自七十以上，无不馈饴也，时加羞珍异。无日不数于六卿之门。国之材人，无不事也；亲自桓以下，无不恤也。公子鲍美而艳，襄夫人欲通之，而不可，乃助之施。昭公无道，国人奉公子鲍以因夫人。

【注释】

[1] 效节：将符节交还。

【译文】

穆公、襄公的族人率领国人攻打昭公，在宫中杀死了公孙固和公孙郑。幸亏六卿出面调停，使公室之间和解，乐豫放弃司马的官职，把它让给公子卬。昭公即位后为宋成公举行葬礼。

……

（鲁文公八年）宋襄公夫人是周襄王的姐姐，宋昭公慢待了她。宋襄公夫人依靠戴氏的族人，杀了襄公的孙子孔叔、公孙钟离和大司马公子卬，这几个人都是宋昭公的党羽。大司马手握着符节而死，所以《春秋》记下他的官职。司城荡意诸逃奔到鲁国，把他的符节交还给管府库的人，然后出奔。文公仍然以迎接司城的礼仪接待他，其随从也按照原官职的礼仪接待。《春秋》都记载官名，表示尊重。

……

（鲁文公十六年）宋国的公子鲍对国人以礼相待。宋国发生饥荒，公子鲍把粮食全部拿出来施舍。对年纪在七十岁以上的老人，没有不送东西的，还不时送珍贵食品。他天天进出六卿的大门商谈国事。对国内有才能的人，没有不加侍奉的；对亲属中桓公以下的子孙，没有不加周济的。公子鲍英俊而且服饰艳丽，襄公夫人想和他私通，公子鲍不肯，于是就帮他施舍。宋昭公无道，国内的人尊奉公子鲍而依附襄公夫人。

【原文】

于是，华元为右师，公孙友为左师，华耦为司马，鳞鱹为司徒，荡意诸为司城，公子朝为司寇。初，司城荡卒，公孙寿辞司城，请使意诸为之。既而告人曰："君无道，吾官近，惧及焉。弃官，则族无所庇。子，身之贰也[1]，姑纾死焉。虽亡子，犹不亡族。"

既，夫人将使公田孟诸而杀之。公知之，尽以宝行。荡意诸曰："盍适诸侯？"公曰："不能其大夫至于君祖母以及国人，诸侯谁纳我？且既为人君，而又为人臣，不如死。"尽以其宝赐左右以使行。夫人使谓司城去公，对曰："臣之而逃其难，若后君何？"

【注释】

〔1〕身之贰：儿子是自身的替代者。

【译文】

当时，华元任右师，公子友任左师，华耦任司马，鳞矔任司徒，荡意诸任司城，公子朝任司寇。当初，司城荡死了，其子公孙寿辞去司城之职，请求让自己的儿子荡意诸担任。后来他告诉别人说："国君无道，我的官职接近国君，害怕灾祸加身。如果丢掉官职不干，家族就没有庇护了。儿子，是我的替代者，姑且由他代替我，让我晚点死去。这样，即使失去儿子，也不至于灭亡家族。"

不久，襄公夫人准备让宋昭公在孟诸打猎，并趁机杀死他。宋昭公知道以后，带上全部珍宝出走。荡意诸说："为何不逃奔至其他诸侯国呢？"宋昭公说："得不到自己的大夫以至君祖母以及国人的信任，哪个诸侯肯接纳我？而且已经做了别人的君主，再做别人的臣下，不如死了的好。"昭公把他的珍宝全部赐给左右侍从，让他们离去。襄公夫人派人告诉司城荡意诸，让他离开宋昭公，他回答说："做他的臣下，而在有灾难的时候离开他，怎么侍奉以后的国君呢？"

【原文】

冬十一月甲寅，宋昭公将田孟诸，未至，夫人王姬使帅甸攻而杀之。荡意诸死之。书曰："宋人弑其君杵臼。"君无道也。文公即位，使母弟须为司城。华耦卒，而使荡虺为司马。

【译文】

（鲁文公十六年）冬十一月二十二日，宋昭公准备去孟诸打猎，还没有到达，襄公夫人王姬就派甸地的军帅进攻并杀死昭公，荡意诸为此也死了。《春秋》记载说："宋人弑其君杵臼。"这是因为昭公无道。宋文公即位，派同母弟弟须做了司城。华耦死后，派荡虺做了司马。

晋灵公不君

【原文】

晋灵公不君，厚敛以雕墙[1]；从台上弹人，而观其辟丸也；宰夫胹熊蹯不熟[2]，杀之，置诸畚，使妇人载以过朝。赵盾、士季见其手，问其故，而患之。将谏，士季曰："谏而不入，则莫之继也。会请先，不入，则子继之。"三进，及溜，而后视之，曰："吾知所过矣，将改之。"稽首而对曰："人谁无过？过而能改，善莫大焉。《诗》曰：'靡不有初，鲜克有终[3]。'夫如是，则能补过者鲜矣。君能有终，则社稷之固也，岂唯群臣赖之。又曰：'衮职有阙，惟仲山甫补之。'能补过也。君能补过，衮不废矣。"

【注释】

〔1〕雕：绘饰。

〔2〕胹（ér）熊蹯（fán）不熟：烹制熊掌未达到烂熟。胹，炖，煮。熊蹯，熊掌，味美难熟。

〔3〕靡不有初，鲜克有终：见《诗经·大雅·荡》。事情无不有好的开始，很少能有好的结果。

晋灵公不君

【译文】

晋灵公做事违反为君之道,重重地征税用来装饰宫室墙壁;从高台上用弹丸打人,以观看群臣躲避弹丸的样子取乐;厨子烧煮熊掌没有熟透,灵公便杀死他,将尸体放在畚箕里,让宫女用头顶着走过朝廷。赵盾和士季看到死尸的手,问明缘由,感到担忧。他们准备进谏,士季对赵盾说:"如果同时劝谏而不被采纳,就没人接着劝谏了。请让我士季先去,不被采纳,你再接着劝谏。"士季前进三次,行了三次礼,到达屋檐下,晋灵公才转眼看他,说:"我知道自己的过错了,打算改正。"士季叩头回答说:"谁能没有过错?有了过错能够改正,就没有比这再好的事情了。《诗经》说:'事情无不有好的开始,很少能有好的结果。'正因为这样,知错即改的人就更少了。国君能够有好结果,那国家就有了保障,岂止是群臣有了依赖。《诗经》又说:'周宣王有了过失,只有仲山甫来弥补。'这说的是能补过的事。您若能够弥补过失,就不会荒废国君的职事了。"

【原文】

犹不改。宣子骤谏,公患之,使鉏麑贼之[1]。晨往,寝门辟矣,盛服将朝。尚早,坐而假寐。麑退,叹而言曰:"不忘恭敬,民之主也。贼民之主,不忠;弃君之命,不信。有一于此,不如死也。"触槐而死。

秋九月,晋侯饮赵盾酒,伏甲,将攻之。其右提

赵盾谏灵公

弥明知之，趋登，曰："臣侍君宴，过三爵，非礼也。"遂扶以下。公嗾夫獒焉[2]，明搏而杀之。盾曰："弃人用犬，虽猛何为！"斗且出。提弥明死之。

【注释】

〔1〕鉏（chú）麑（ní）：晋之大力士。
〔2〕嗾：用声音指使狗。獒：大犬，猛犬。

【译文】

晋灵公依然不改正过错。赵盾（即宣子）屡次进谏，晋灵公很讨厌他，派鉏麑刺杀他。鉏麑凌晨潜入赵家，见赵盾的卧室门已经开了，赵盾穿着整齐的朝服，准备上朝。时间还早，赵盾正坐着打瞌睡。鉏麑退出来，叹气说："不忘记对国君的恭敬，真是百姓的领袖。刺杀百姓的领袖，就是不忠；丢弃国君的命令，就是不信。不忠与不信，我总占有一件，不如死去。"于是鉏麑头撞槐树而死。

（鲁宣公二年）秋天九月，晋灵公请赵盾喝酒，预先埋伏下甲士，打算杀死赵盾。赵盾的车右提弥明察觉了，快步登上殿堂，说："臣下侍奉国君饮酒，超过三杯，就不合礼了。"于是就扶了赵盾下殿。晋灵公嗾使恶狗扑过去，提弥明上前搏斗，把狗杀了。赵盾说："废弃忠良之人而用猛犬，犬虽然凶猛，但又有什么用！"赵盾一边搏斗一边退了出去，提弥明为掩护赵盾被杀死。

【原文】

初，宣子田于首山[1]，舍于翳桑[2]，见灵辄饿，问其病。曰："不食三日矣。"食之，舍其半。问之，曰："宦三年矣，未知母之存否，今近焉，请以遗之。"使尽之，而为之箪食与肉[3]，置诸橐以与之。既而与为公介，倒戟以御公徒，而免之。问何故。对曰："翳桑之饿人也。"问其名居，不告而退，遂自亡也。

乙丑，赵穿攻灵公于桃园。宣子未出山而复。大史书曰："赵盾弑其君[4]。"以示于朝。宣子曰："不然。"对曰："子为正卿，亡不越竟，反不讨贼，非子而谁？"宣子曰："呜呼！'我之怀矣，自诒伊戚'，其我之谓矣。"

【注释】

〔1〕首山：首阳山，又作"雷首山"，在今山西永济。
〔2〕翳桑：地名，在首阳山间。
〔3〕箪：盛食物的小圆筐。
〔4〕"大史"句：董狐认为晋君被杀，赵盾负主要责任，故作如此记载。大史，太史，朝廷史官，此指晋太史董狐。

【译文】

当初，赵盾在首阳山打猎，住在翳桑，看见一个叫灵辄的人饿得厉害，赵盾问他得了什么病。他说："已经三天没吃东西了。"赵盾给他食物，他留下一半。问他为什么，他说："在外做官三年了，不知道母亲是否健在，现在快到家了，请让我把这些食物留给她。"赵盾让他吃完，并且又给他准备了一筐饭和一些肉，放在袋子里给了他。后来灵辄做了晋灵公的甲士，在这次事件中，倒过戟来抵御晋灵公的其他甲士，使赵盾免于祸难。赵盾问他为什么这样做，他回答说："我就是翳桑那个饿倒的人。"赵盾问他的姓名、住处，他不回答就退了出去，并自己逃亡他处。

九月二十六日，赵穿在桃园杀死晋灵公。赵盾还没有走出晋国国境，就回来再度做卿。太史董狐记载说："赵盾弑其君。"并将史书出示于朝廷。赵盾说:"事实不是这样。"太史说:"您身为正卿,逃亡而没有走出国境,回来不惩罚凶手,弑君的人不是您还是谁?"赵盾说:"哎呀!'我怀恋故国,反而给自己带来了忧伤。'恐怕说的就是我吧。"

【原文】

孔子曰:"董狐,古之良史也,书法不隐。赵宣子,古之良大夫也,为法受恶。惜也,越竟乃免。"

宣子使赵穿逆公子黑臀于周而立之。壬申,朝于武宫。

【译文】

孔子说:"董狐,是古代的好史官,据事直书而不加隐讳。赵宣子,是古代的好大夫,为了坚持记史的原则而蒙受弑君的恶名。太可惜了,他如果走出国境,就可以免于弑君的罪名了。"

赵盾派赵穿去成周接回公子黑臀,并立他为国君。十月初三,公子黑臀到武宫朝祭,即位为君。

宋及楚人平

【原文】

楚子使申舟聘于齐,曰:"无假道于宋。"亦使公子冯聘于晋,不假道于郑。申舟以孟诸之役恶宋,曰:"郑昭宋聋,晋使不害,我则必死!"王曰:"杀女,我伐之!"见犀而行。

及宋,宋人止之。华元曰:"过我而不假道,鄙我也。鄙我,亡也。杀其使者,必伐我,伐我,亦亡也。亡一也。"乃杀之。楚子闻之,投袂而起,屦及于窒皇,剑及于寝门之外,车及于蒲胥之市。秋九月,楚子围宋。

【译文】

楚庄王派申舟前往齐国聘问,说:"不要向宋国借路。"同时,又派公子冯到晋国聘问,也不向郑国借道。申舟在孟诸之战得罪了宋国,对楚王说:"郑国明白,宋国昏聩,去晋国的使者将平安无事,我则必死无疑!"楚庄王说:"宋国如果杀了你,我就出兵讨伐它!"申舟把儿子申犀引见给楚庄王,然后才出发。

到达宋国,宋国人拦住了他。华元说:"经过我国却不请求借路,是视我国为楚国边邑的做法;把我国当作边邑,这等于亡国。杀掉它的使者,楚国必然会讨伐我国;讨伐我国也是亡国。反正都一样是亡国。"于是就杀了申舟。楚庄王听到这个消息后，甩开袖子站起来，侍者一直追到寝宫门外才给他穿上鞋子，追到寝宫的殿门外才送上佩剑，车驾追到蒲胥街市才赶上他。鲁宣公十四年秋九月，楚庄王围攻宋国。

【原文】

宋人使乐婴齐告急于晋，晋侯欲救之。伯宗曰："不可。古人有言曰：'虽鞭之长，不及马腹。'天方授楚，未可与争。虽晋之强，能违天乎？谚曰：'高下在心。'川泽纳污，山薮藏疾，瑾瑜匿瑕，国君含垢，天之道也。君其待之！"乃止。

【译文】

宋国人派乐婴齐向晋国告急。晋景公想救援宋国，伯宗说："不行。古人有话说：'鞭子虽然长，却打不到马肚子。'上天正在帮助楚国，不能和它相争。晋国虽然强盛，能够违背上天的意愿吗？俗话说：'或高或低，全在心里。'河流湖泽可以容纳污泥浊水，山林草丛可以躲藏猛兽毒虫，美玉藏匿着瑕疵，国君也得忍受耻辱，这是天定的常道。君王还是再等等吧！"晋景公于是停止发兵救宋。

楚庄王

【原文】

使解扬如宋，使无降楚，曰："晋师悉起，将至矣。"郑人囚而献诸楚。楚子厚赂之，使反其言。不许。三而许之。登诸楼车，使呼宋人而告之。遂致其君命。楚子将杀之,使与之言曰:"尔既许不穀,而反之,何故?非我无信,女则弃之。速即尔刑。"对曰:"臣闻之,君能制命为义[1],臣能承命为信,信载义而行之为利。谋不失利,以卫社稷,民之主也。义无二信,信无二命。君之赂臣,不知命也。受命以出,有死无霣,又可赂乎?臣之许君,以成命也。死而成命,臣之禄也。寡君有信臣,下臣获考死,又何求?"楚子舍之以归。

【注释】

[1] 制命:制定正确的命令。

【译文】

晋侯派解扬前往宋国,让宋人不要降服楚国,说:"晋国的援军都已经出发,快要到达了。"解扬经过郑国时,郑人把他抓了起来,并献给楚国。楚王用大量财物贿赂他,让他说晋国没有出兵,解扬不答应。威逼再三他才答应。楚王让他登上楼车,按照楚国人的意思向宋国人喊话,解扬便趁机传达了晋君的命令。楚王准备杀掉他,派人对他说:"你已经答应了我,现在又反悔,是什么缘故?不是我们不讲信义,是你抛弃了它。你快去接受死刑吧!"解扬回答说:"下臣听说,国君能够制定正确的命令就是义,臣下能够接受和执行命令就是信,以臣下的信去贯彻国君

庄王伐宋

的义并加以推广就是利益。谋划而不失去利益，并以此来捍卫社稷，就是万民的主人。贯彻义不能有两种相互矛盾的信，守信的臣子也不能同时接受两种相互矛盾的命令。大王赠给臣下财物，说明大王不懂得命令的含义。臣下接受国君的命令出使他国，宁可去死也不能废弃国君的命令，怎么可以因财物而改变呢？臣下之所以答应大王，那是为了借机会完成我晋国国君给我的使命。即使死了而能完成使命，这是臣下的福分。我们国君用守信的臣子，臣下死得其所，我还追求什么呢？"楚王于是赦免了解扬，放他回国。

【原文】

夏五月，楚师将去宋，申犀稽首于王之马前，曰："毋畏知死而不敢废王命。王弃言焉。"王不能答。申叔时仆，曰："筑室反耕者，宋必听命！"从之。宋人惧，使华元夜入楚师，登子反之床，起之，曰："寡君使元以病告，曰：'敝邑易子而食，析骸以爨。虽然，城下之盟，有以国毙，不能从也。去我三十里，唯命是听。'"子反惧，与之盟，而告王。退三十里。宋及楚平，华元为质，盟曰："我无尔诈，尔无我虞。"

【译文】

鲁宣公十五年夏季五月，楚军准备撤离宋国，申犀在楚王的马前叩头说："毋畏（申舟）甘冒杀身之祸而不敢废弃大王的命令，大王却抛弃了自己的诺言。"楚王无法回答。当时申叔时为楚王驾车，说："我们在宋国都城外修建房屋，让会种田的士兵种田，以示持久围宋之意，宋国必然会听命于楚国！"楚王采纳了他的计策。宋人感到害怕，派华元在夜间潜入楚营，登上令尹子反的床，把他叫起来，说："寡君派华元前来把严重的困难告诉你们,说:'我们都城里已经断粮,老百姓相互交换儿子杀了来充饥,把尸骨劈开当柴火做饭。尽管这样,我们宁可让国家灭亡,也不会接受城下之盟。如果贵国退兵三十里,我们就唯命是听。'"子反感到害怕,便和华元私下盟誓,然后把情况报告给楚王。楚庄王下令退兵三十里。宋国和楚国议和,华元入楚作为人质,盟誓说:"我不骗你,你也不欺我!"

齐晋鞌之战

【原文】

二年春，齐侯伐我北鄙，围龙[1]。顷公之嬖人卢蒲就魁门焉，龙人囚之。齐侯曰："勿杀，吾与而盟，无入而封。"弗听，杀而膊诸城上[2]。齐侯亲鼓，士陵城。三日，取龙，遂南侵，及巢丘[3]。

卫侯使孙良夫、石稷、宁相、向禽将侵齐，与齐师遇。石子欲还，孙子曰："不可。以师伐人，遇其师而还，将谓君何？若知不能，则如无出。今既遇矣，不如战也。"

夏，有……

石成子曰："师败矣，子不少须，众惧尽。子丧师徒，何以复命？"皆不对。又曰："子，国卿也。陨子，辱矣。子以众退，我此乃止。"且告车来甚众。齐师乃止，次于鞫居[4]。新筑人仲叔于奚救孙桓子，桓子是以免。

【注释】

〔1〕龙：地名，在今山东泰安东南。
〔2〕膊诸城上：暴尸于城上。
〔3〕巢丘：地名，其地与龙邑相近，当不出泰安境。
〔4〕鞫（jū）居：卫地，在今河南封丘。

【译文】

鲁成公二年春季,齐顷公进攻我国北部边境,包围龙城。齐顷公的宠臣卢蒲就魁攻打城门,龙城的人把他擒获。齐顷公说:"不要杀他,我和你们盟誓,不进入你们的城内。"龙城的人不听,把卢蒲就魁杀了,暴尸于城上。齐顷公亲自击鼓,兵士爬登城墙。三天,占取龙城。于是就向南攻打,到达巢丘。

卫穆公派遣孙良夫、石稷、宁相、向禽率兵侵袭齐国,和齐军相遇。石稷打算撤回,孙良夫说:"不行。带领军队攻打别人,遇上敌人就回去,打算怎么向国君交代呢?如果知道打不过,就应当不出兵。现在既然和敌军相遇,不如一战。"

夏,有……

石稷说:"我们军队战败了,您如果不稍许坚持,顶住敌人进攻,恐怕我们会全军覆灭。您丧失了军队,如何报君命?"孙良夫都不回答。石稷又说:"您,是国家的卿。损失了您,对国家是一种羞耻。您带着众人撤退,我留下来抵挡。"同时通告全军,说大批援军的战车已到来。齐国的军队也因此停止前进,驻扎在鞫居。新筑大夫仲叔于奚率军来援救孙桓子(即孙良夫),孙桓子因此得免于难。

【原文】

孙桓子还于新筑,不入,遂如晋乞师。臧宣叔亦如晋乞师。皆主郤献子。晋侯许之七百乘。郤子曰:"此城濮之赋也[1]。有先君之明与先大夫之肃[2],故捷。克于先大夫,无能为役,请八百乘。"许之。郤克将中军,士燮佐上军,栾书将下军,韩厥为司马,以救鲁、卫。臧宣叔逆晋师,且道之。季文子帅师会之。

及卫地,韩献子将斩人,郤献子驰,将救之,至则既斩之矣。郤子使速以徇，告其仆曰："吾以分谤也[3]。"

【注释】

〔1〕赋：出兵之数额。
〔2〕肃：敏捷。
〔3〕分谤：分担受谤之责。

【译文】

孙桓子率军退到新筑，不进城内，就到晋国请求出兵。鲁大夫臧宣叔也到晋国请求出兵。两人都通过郤克向晋景公请求。晋景公答应派出七百辆战车。郤克说："这是城濮之战中我军的战车数。当时有先君的明察和先大夫的敏捷才能，所以得胜。我郤克和先大夫相比，还不足以做他们的仆人。请发八百乘战车。"晋景公答应了。郤克率领中军，士燮辅佐上军，栾书率领下军，韩厥做司马，以救援鲁国和卫国。臧宣叔迎接晋军，并作为向导开路。季文子率领军队和他们会合。

到达卫国境内，韩厥要杀违反军法的人，郤克驾车疾驰赶去，打算救下那个人。等赶到时，已经杀了。郤克派人迅速将尸体在全军中示众，还告诉他的御者说："我用这样的做法来分担人们对韩厥的非议。"

【原文】

师从齐师于莘[1]。六月壬申，师至于靡笄之下[2]。齐侯使请战，曰："子以君师，辱于敝邑，不腆敝赋[3]，诘朝请见[4]。"对曰："晋与鲁、卫，兄弟也。来告曰：'大国朝夕释憾于敝邑之地。'寡君不忍，使群臣请于大国，无令舆师淹于君地。能进不能退，君无所辱命。"齐侯曰："大夫之许，寡人之愿也；若其不许，亦将见也。"齐高固入晋师，桀石以投人，禽之而乘其车,系桑本焉,以徇齐垒,曰:"欲勇者贾余余勇。"

【注释】

〔1〕莘:有多处,此当为卫、齐边界之莘邑,在今山东聊城西南。

〔2〕靡笄:山名,即今山东济南千佛山。

〔3〕不腆:不厚也,为当时谦辞。

〔4〕诘朝:明日早晨。

【译文】

晋、鲁、卫联军在莘地追上齐军。六月十六日,军队到达靡笄山下。齐顷公派人请战,说:"您带领贵国国君的军队光临敝邑,敝国将以不强大的军队,要求和你们在明天早晨相见决战。"郤克回答说:"晋和鲁、卫是兄弟国家,鲁、卫前来告诉我们说:'齐国不分早晚地都在他们的土地上发泄气愤。'寡君不忍,派我们这些下臣前来向齐请求,同时又不让我军长久地停留在贵国。我们只能前进不能后退,您来约战,我们会承命照办的。"齐顷公说:"大夫允许决战,正是寡人的愿望;如果不允许,也要兵戎相见的。"齐国的高固攻入晋军,举起石头掷向晋军,抓住晋兵,然后坐上他的战车,把桑树根系在车上,巡行到齐营说:"想要勇气的人可以来买我剩余的勇气!"

【原文】

癸酉,师陈于鞌。邴夏御齐侯,逢丑父为右。晋解张御郤克,郑丘缓为右。齐侯曰:"余姑翦灭此而朝食。"不介马而驰之。郤克伤于矢,流血及屦,未绝鼓音,曰:"余病矣。"张侯曰:"自始合,而矢贯余手及肘,余折以御,左轮朱殷[1],岂敢言病?吾子忍之!"缓曰:"自始合,苟有险,余必下推车,子岂识之？然子病矣！"张侯曰："师之耳目，在吾旗鼓，进退从之。此车一人殿之，可以集事！若之何其以病败君之大事也？擐甲执兵[2]，固即死也，病未及死，吾子勉之！"左并辔[3]，右援枹而鼓[4]，马逸不能止，师从之。齐师败绩。逐之，三周华不注[5]。

【注释】

〔1〕左轮朱殷（yān）：左边车轮被血染成赤黑色。殷，赤黑色。

〔2〕擐（huàn）甲执兵：穿着甲胄，拿着武器。擐，穿着。

〔3〕左并辔：驭者本是双手执辔，今将右手所执并于左手，由一只左手执辔驭车。

〔4〕右援枹（fú）而鼓：腾出右手执鼓槌，代郤克击鼓。枹，鼓槌。

〔5〕华（huà）不注：山名，在今山东济南东北。

【译文】

六月十七日，齐、晋两军在鞌地摆开阵势。邴夏为齐顷公驾车，逢丑父作为车右。晋国的解张为郤克驾车，郑丘缓作为车右。齐顷公说："我姑且消灭了这些人再吃早饭。"马不披甲，驰向晋军。郤克受了箭伤，血流到鞋子上，但是鼓声不断，说："我受伤了！"解张说："从一开始交战，箭就射穿了我的手和肘，我折断了箭杆继续驾车，左边的车轮都染成黑红色了，哪里敢说受伤？您忍着点吧！"郑丘缓说："从一开始交战，如果遇到险阻，我必定下车推车，您难道了解吗？不过您真是受伤了！"解张说："军队的耳目，在于我们的旌旗和鼓声，前进后退都要听从旗鼓的指挥。这辆车子由一个人坐镇，战事就可以成功。为什么要因为受伤而败坏国君的大事？身披盔甲，手执武器，本来就抱定必死的决心，现在受伤还没有到死的程度，您还是尽力而为吧！"于是就左手握马缰，右手拿着鼓槌，代郤克击鼓。马失去控制，一直向前奔跑不能停止，全军就跟着冲上去。齐军大败，晋军追赶齐军，绕华不注山跑了三圈。

【原文】

韩厥梦子舆谓己曰："且辟左右。"故中御而从齐侯。邴夏曰："射其御者，君子也。"公曰："谓之君子而射之，非礼也。"射其左，越于车下。射其右，毙于车中。綦毋张丧车，从韩厥，曰："请寓乘。"从左右，皆肘之，使立于后。韩厥俛，定其右。逢丑父与公易位。将及华泉，骖绊于木而止。丑父寝于轏中，蛇出于其下，以肱击之，伤而匿之，故不能推车而及。韩厥执絷马前，再拜稽首，奉觞加璧以进，曰："寡君使群臣为鲁、卫请，曰：'无令舆师陷入君地。'下臣不幸，属当戎行，无所逃隐。且惧奔辟，而忝两君。臣辱戎士，敢告不敏，摄官承乏。"丑父使公下，如华泉取饮。郑周父御佐车，宛茷为右，载齐侯以免。韩厥献丑父，郤献子将戮之，呼曰："自今无有代其君任患者，有一于此，将为戮乎！"郤子曰："人不难以死免其君。我戮之不祥，赦之以劝事君者。"乃免之。

【译文】

韩厥梦见他父亲子舆对他说："明天交战时不要站在战车左右两侧。"因此，韩厥就站在中间驾战车而追赶齐顷公。邴夏说："射那位驾车人，他是君子。"齐顷公说："认为他是君子而射他，这不合于礼。"射车左，车左死在车下。射车右，车右死在车里。綦毋张失去了战车，跟上韩厥说："请允许我搭乘您的战车。"上车后，准备站在车左或车右，韩厥用肘推他，让他

逢丑父舍身救主

站在自己身后。韩厥弯下身子，放稳车右的尸体。逢丑父和齐顷公趁机互换位置。将要到达华泉，骖马被树木绊住而不能行走。前几天，逢丑父睡在栈车里，有一条蛇爬到他身边，他用手臂去打蛇，手臂受伤，但隐瞒了这件事，因此这时他不能用臂推车前进，这样才被韩厥追上。韩厥握着马缰走向马前，跪下叩头，捧着酒杯加上玉璧献上，说："寡君派臣下们替鲁、卫两国请求，说：'不要让军队久留在齐国的土地。'下臣不幸，正好在军队服役，不能逃避军役。而且也害怕奔走逃避，成为两国国君的耻辱。下臣勉强充当一名战士，谨向君王禀告我的无能，但由于人手缺乏，只好承当这个职位。"逢丑父要齐顷公下车，到华泉取水。郑周父驾驭副车，宛茷为车右，载上齐顷公逃走而使其免于被俘。韩厥献上逢丑父，郤克要杀死逢丑父。逢丑父喊叫说："到现在为止还没有代替他的国君受难的人，有一个这样的人在这里，还要被杀死吗？"郤克说："一个人不怕用死来使国君免于祸患，我杀了他，不吉利。赦免了他，用来勉励侍奉国君的人。"于是就赦免了逢丑父。

【原文】

齐侯免，求丑父，三入三出。每出，齐师以帅退。入于狄卒，狄卒皆抽戈楯冒之[1]。以入于卫师，卫师免之，遂自徐关入[2]。齐侯见保者，曰："勉之！齐师败矣。"辟女子，女子曰："君免乎？"曰："免矣。"曰："锐司徒免乎？"曰："免矣。"曰："苟君与吾父免矣，可若何？"乃奔。齐侯以为有礼，既而问之，辟司徒之妻也。予之石窌[3]。

【注释】

〔1〕楯（dùn）：同"盾"。冒：遮拦，庇护。
〔2〕徐关：齐地，在今山东淄博。
〔3〕石窌（liù）：齐地，在今山东省济南市长清区。

【译文】

齐顷公免于被俘以后，寻找逢丑父，在敌军中三进三出。每次出来的时候，齐军都簇拥着护卫他后退。进入狄人军队中，狄人的士兵都拿出戈和盾保护齐顷公。进入卫国军队中，卫军也对他们不加伤害。于是，齐顷公就从徐关进入齐国国都临淄。齐顷公看到守军，说："你们努力吧！齐军战败了！"齐顷公的座车前进时，前卫叫一个女子躲开，这个女子问："国君免于祸难了吗？"说："免了。"她又问："锐司徒免于祸难了吗？"说："免了。"她说："如果国君和我父亲免于祸难了，还要怎么样？"就跑开了。齐顷公认为她知礼，询问以后，才知道她是辟司徒的妻子，就赐给她石窌作为封地。

【原文】

晋师从齐师，入自丘舆[1]，击马陉。

齐侯使宾媚人赂以纪甗[2]、玉磬与地。不可，则听客之所为。宾媚人致赂，晋人不可，曰："必以萧同叔子为质，而使齐之封内尽东其亩。"对曰："萧同叔子非他，寡君之母也。若以匹敌，则亦晋君之母也。吾子布大命于诸侯，而曰：'必质其母以为信。'其若王命何？且是以不孝令也。《诗》曰：'孝子不匮，永锡尔类。'若以不孝令于诸侯，其无乃非德类也乎？先王疆理天下，物土之宜，而布其利。故《诗》曰：'我疆我理，南东其亩。'今吾子疆理诸侯，而曰'尽东其亩'而已，唯吾子戎车是利，无顾土宜，其无乃非先王之命也乎？反先王则不义，何以为盟主？其晋实有阙。四王之王也，树德而济同欲焉。五伯之霸也，勤而抚之，以役王命。今吾子求合诸侯，以逞无疆之欲。《诗》曰：'布政优优，百禄是遒。'子实不优，而弃百禄，诸侯何害焉！不然，寡君之命使臣则有辞矣，曰：'子以君师辱于敝邑，不腆敝赋，以犒从者。畏君之震，师徒桡败[3]，吾子惠徼齐国之福，不泯其社稷，使继旧好，唯是先君之敝器、土地不敢爱。子又不许，请收合余烬，背城借一。敝邑之幸，亦云从也。况其不幸，敢不唯命是听。'"

鲁、卫谏曰："齐疾我矣。其死亡者，皆亲昵也。子若不许，仇我必甚。唯子，则又何求？子得其国宝，我亦得地，而纾于难，其荣多矣。齐、晋亦唯天所授，岂必晋？"晋人许之，对曰："群臣帅赋舆，以为鲁、卫请。若苟有以藉口，而复于寡君，君之惠也。敢不唯命是听。"

【注释】

〔1〕丘舆：齐邑，在今山东省。

〔2〕纪甗（yǎn）：铸有纪年铭文的青铜炊器。

〔3〕桡败：失败。

【译文】

晋军追赶齐军，从丘舆进入齐国，进攻马陉。

齐顷公派遣宾媚人把纪甗、玉磬和土地送给战胜诸国以求和，并指示他说："如果他们不同意讲和，就随他们怎么办吧。"宾媚人献上财礼，晋人不同意，说："一定要让萧同叔子作为人质，同时使齐国境内的田垄全部改成东向。"宾媚人回答说："萧同叔子不是别人，是寡君的母亲。如果从对等的地位来说，那也就是晋君的母亲。您在诸侯中发布重大的命令，反而说：'一定要把他的母亲作为人质才能取信。'您又打算怎么对待周天子的命令呢？而且这样做，就是用不孝来号令诸侯。《诗经》说：'孝子的孝心没有竭尽，永远可以感染你的同类。'如果用不孝号令诸侯，这恐怕不符合道德的准则吧！先王对天下的土地定疆界，分地理，因地制宜，做有利的布置。所以《诗经》说：'我划定疆界，分别地理，南向东向开辟田亩。'现在您让诸侯定疆界、分地理，反而只说什么'把田垄全部改成东向'，只管自己兵车进出的方便，不顾地势是否适宜，恐怕不符合先王的政令吧！违反先王的遗命就是不合道义，怎么能做诸侯盟主？晋国在这点上确实是有过失的。四王之所以能统一天下，是因为他们能树立德行而满足诸侯的共同愿望；五伯之所以能领导诸侯，是因为他们勤劳而安抚诸侯，共同为天子效命。现在您要求会合诸侯，来满足自己没有止境的欲望。《诗经》说：'政事的推行宽大和缓，各种福禄都将积聚。'如果您不能宽大，丢弃了各种福禄，这对诸侯有什么损害呢？如果您不肯答应讲和，寡君命令我使臣，还有一番话要说：'您带领贵国国君的军队光临敝邑，敝邑用很少的财富，来犒劳您的随从。害怕贵国国君的威严，我军战败。承蒙您惠临为齐国求福，如果不灭亡我们的国家，让齐、晋两国继续过去的友好，那么先君留下的破旧器物和土地，我们是不敢爱惜的。您如果不肯允许，我们就请求收集残兵败将，背靠自己的城墙再决一死战。如果敝邑有幸战胜，也会依从贵国的；如果不幸战败，哪敢不唯命是听？'"

鲁、卫两国劝谏郤克说："齐国怨恨我们了。齐国死去和溃散的，都是齐侯的宗族亲戚。您如果不肯答应，其必然更加仇恨我们。即使是您，还有什么可追求的？如果您得到齐国的国宝，我们也得到土地，而缓和了祸难，这荣耀也就很多了。齐国和晋国都是由上天授予的，难道一定只有晋国永久胜利吗？"晋国人答应了，回答说："下臣们率领兵车，来为鲁、卫两国请求。如果有话可以向寡君复命，这就是君王的恩惠了。岂敢不唯命是听？"

【原文】

禽郑自师逆公。

秋七月，晋师及齐国佐盟于爰娄，使齐人归我汶阳之田。公会晋师于上鄍[1]，赐三帅先路三命之服，司马、司空、舆帅、候正、亚旅，皆受一命之服。

【注释】

〔1〕上鄍（míng）：齐、卫交界之地，在今山西省平陆县东北。

【译文】

禽郑从军中去迎接鲁成公。

秋季七月，晋军和齐国的宾媚人（即国佐）在爰娄结盟，让齐国把汶阳的土田归还我国。成公在上鄍会见晋军，把先路和三命的车服赐给三位高级将领，司马、司空、舆帅、候正、亚旅都接受了一命的车服。

楚归晋知䓨

【原文】

晋人归公子穀臣与连尹襄老之尸于楚,以求知䓨。于是荀首佐中军矣,故楚人许之。

王送知䓨,曰:"子其怨我乎?"对曰:"二国治戎[1],臣不才,不胜其任,以为俘馘[2]。执事不以衅鼓,使归即戮,君之惠也。臣实不才,又谁敢怨?"王曰:"然则德我乎?"对曰:"二国图其社稷,而求纾其民,各惩其忿,以相宥也[3]。两释累囚以成其好。二国有好,臣不与及,其谁敢德?"王曰:"子归,何以报我?"对曰:"臣不任受怨,君亦不任受德,无怨无德,不知所报。"王曰:"虽然,必告不穀。"对曰:"以君之灵,累臣得归骨于晋,寡君之以为戮,死且不朽。若从君之惠而免之,以赐君之外臣首;首其请于寡君,而以戮于宗,亦死且不朽。若不获命,而使嗣宗职,次及于事,而帅偏师,以修封疆。虽遇执事,其弗敢违。其竭力致死,无有二心,以尽臣礼,所以报也。"王曰:"晋未可与争。"重为之礼而归之。

【注释】

[1]治戎:交战。

[2]俘馘(guó):指俘虏。俘,指生俘。馘,指杀死割

下左耳。

〔3〕相宥（yòu）：相互原谅。

【译文】

晋国人把楚国公子穀臣和连尹襄老尸首归还给楚国，以此要求换回知罃。当时荀首已经是中军副帅，所以楚国人答应了。

楚共王送别知罃，说："你怨恨我吗？"知罃回答说："两国交战，下臣没有才能，不能胜任，所以做了俘虏。大王的左右没有用我的血来祭鼓，而让我回国受刑，这是大王的恩惠啊。下臣实在没有才能，又敢怨恨谁呢？"楚共王说："那么你感激我吗？"知罃回答说："两国为自己的国家利益打算，希望让百姓得到安宁，各自抑止自己的愤怒，求得互相原谅，两边都释放俘虏，以建立友好关系。两国友好，下臣不曾与谋，又敢感激谁呢？"楚共王说："你回去，用什么报答我？"知罃回答说："下臣无所怨恨，大王也不值得感恩，没有怨恨，没有恩德，就不知道该报答什么。"楚共王说："尽管这样，也一定要把你的想法告诉我。"知罃回答说："承蒙大王的福佑，被囚的下臣能够带着这把骨头回晋国，我君如果加以诛戮，死而不朽。如果由于大王的恩惠而赦免下臣，把下臣赐给大王的外臣荀首，荀首向我君请求，而把下臣杀戮在自己的宗庙中，也死而不朽。如果得不到我君诛戮的命令，而让下臣继承宗子的职位，按次序承担晋国的政事，率领部分军队保卫边疆，虽然碰到大王的左右，我也不敢违背礼义回避，要竭尽全力以至于死，没有二心，以尽到为臣的职责，这就是所报答于大王的。"楚共王说："晋国是不能够和它相争的。"于是就对知罃重加礼遇，放他回晋国。

晋侯梦大厉

【原文】

晋侯梦大厉,被发及地,搏膺而踊[1],曰:"杀余孙,不义。余得请于帝矣!"坏大门及寝门而入。公惧,入于室。又坏户。公觉,召桑田巫[2]。巫言如梦。公曰:"何如?"曰:"不食新矣。"公疾病,求医于秦。秦伯使医缓为之。未至,公梦疾为二竖子,曰:"彼,良医也。惧伤我,焉逃之?"其一曰:"居肓之上,膏之下,若我何?"医至,曰:"疾不可为也。在肓之上[3],膏之下[4],攻之不可,达之不及,药不至焉,不可为也。"公曰:"良医也。"厚为之礼而归之。六月丙午,晋侯欲麦,使甸人献麦,馈人为之。召桑田巫,示而杀之。将食,张[5],如厕,陷而卒。小臣有晨梦负公以登天,及日中,负晋侯出诸厕,遂以为殉。

【注释】

〔1〕搏膺:自捶其胸。踊:跳也。
〔2〕桑田巫:指桑田之巫者。
〔3〕肓:指心脏与膈之间。
〔4〕膏:指心脏尖部之脂肪。
〔5〕张:通"胀",肚子发胀。

【译文】

晋景公梦见一个厉鬼,头发披散长可及地,捶胸跳跃,说:"你杀了我的子孙,这是不义。我请求为子孙复仇,已经得到天帝的允许了!"厉鬼毁掉宫门和寝门追了进来。晋景公害怕,躲进内室,厉鬼又毁掉内室的门。晋景公醒来,召见桑田的巫人问吉凶。巫人所说的和晋景公梦见的情况一样。晋景公说:"怎么样?"巫人说:"君王吃不到新收的麦子了!"晋景公病重,到秦国请良医。秦桓公派医缓给晋景公诊病。医缓还没有到达,晋景公又梦见疾病变成两个小孩,一个说:"他是个好医生,恐怕会伤害我们,我们往哪儿逃好呢?"另一个说:"我们待在肓的上边,膏的下边,看他拿我们怎么办?"医缓来了,说:"病已不能治了,病在肓的上边,膏的下边,灸不能用,针达不到,药物的力量也到不了,已不能治了。"晋景公说:"真是好医生啊。"于是馈赠给他丰厚的礼物让他回去。鲁成公十年六月初六,晋景公想吃新麦饭,让管食物的人献麦,厨师烹煮。景公召见桑田巫人来,把煮好的新麦给他看,然后杀了他。景公将要进食,突然肚子发胀,便上厕所,跌进厕所坑里死去。有一个宦官早晨梦见背着晋景公登天,等到中午,他把晋景公从厕所坑里背出来,于是他就被殉葬了。

吕相绝秦

【原文】

夏四月戊午，晋侯使吕相绝秦，曰："昔逮我献公，及穆公相好，戮力同心，申之以盟誓，重之以昏姻。天祸晋国，文公如齐，惠公如秦。无禄，献公即世，穆公不忘旧德，俾我惠公，用能奉祀于晋。又不能成大勋，而为韩之师。亦悔于厥心，用集我文公，是穆之成也。

"文公躬擐甲胄[1]，跋履山川，逾越险阻，征东之诸侯，虞、夏、商、周之胤而朝诸秦，则亦既报旧德矣。郑人怒君之疆场，我文公帅诸侯及秦围郑。秦大夫不询于我寡君，擅及郑盟。诸侯疾之，将致命于秦。文公恐惧，绥静诸侯，秦师克还无害，则是我有大造于西也[2]。

【注释】

〔1〕躬擐甲胄：文公亲自身披甲胄。躬，亲也。擐，贯也。
〔2〕大造：重大贡献，重大功劳。

【译文】

鲁成公十三年夏四月初五，晋厉公派遣吕相去和秦国断绝外交关系，说："从前我国先君晋献公和贵国先君秦穆公互相友好，合力同心，用盟誓来表明，再用婚姻加深这种关系。后来上天降祸于晋国，文公逃亡齐国，惠公逃亡秦国。不幸，献公去世。穆公不忘记过去的恩德，使我们惠公因此能回到晋国主持祭祀。但没能完成好这一重大的功业，于是导致韩原之战。穆公对俘获惠公一事有些懊悔，因此促成了我们文公回国即位，这都是秦穆公的功劳。

"文公亲自身披甲胄，跋涉山川，经历艰难险阻，征服东方的诸侯，让虞、夏、商、周的后裔都向秦国朝见，这样也就报答了秦国过去的恩德了。郑国人侵犯秦国的边境，我们文公率领诸侯和秦国共同包围郑国。可是秦国的大夫不和我们文公商量，擅自和郑国订立了盟约。诸侯憎恨这件事，打算和秦国拼死一战。文公担心，安抚诸侯，使秦军得以平安回国而没有受到损害，这就是我晋国有大功于秦国之处。

【原文】

"无禄，文公即世。穆为不吊，蔑死我君，寡我襄公，迭我殽地，奸绝我好[1]，伐我保城，殄灭我费滑，散离我兄弟，挠乱我同盟，倾覆我国家。我襄公未忘君之旧勋，而惧社稷之陨，是以有殽之师。犹愿赦罪于穆公。穆公弗听，而即楚谋我。天诱其衷，成王陨命，穆公是以不克逞志于我。

"穆、襄即世，康、灵即位。康公，我之自出，又欲阙翦我公室[2]，倾覆我社稷，帅我蟊贼[3]，以来荡摇我边疆。我是以有令狐之役。康犹不悛，入我河曲，伐我涑川[4]，俘我王官，翦我羁马，我是以有河曲之战。东道之不通，则是康公绝我好也。

【注释】

[1]奸绝我好：遏绝我同盟友好的国家。

[2]阙翦：损害，削减。

[3]蟊贼：食庄稼之害虫。此喻危害晋国的人，主要指公子雍。

[4]涑川：涑水，在今山西西南部。

【译文】

"不幸，文公去世。秦穆公不肯来吊唁，蔑视我们故去的文公，以为我们晋襄公软弱可欺，突然侵犯我国殽地，遏绝我同盟友好的国家，攻打我国边境城堡，灭掉我们的盟友滑国，离间我们的兄弟之邦，扰乱我们的同盟之国，妄图颠覆我们的国家。我们襄公没有忘记秦君过去的恩德，而又害怕国家的颠覆，这样才有殽之战。我国国君仍然愿意向穆公解释我们的罪过。穆公不听，反而勾结楚国来打我们的主意。天意保佑我国，楚成王丧命，因此穆公对我晋国的算计不能得逞。

"秦穆公、晋襄公去世，秦康公、晋灵公即位。秦康公，是我国穆姬所生的，又想削弱我们的公室，颠覆我们的国家，率领我国的内奸，前来骚扰我国边疆，因此我国才发动了令狐之战。秦康公还是不肯悔改，又侵入我国河曲，攻打我国涑川，掠取我国王官，割断我国的羁马，因此我国又发动了河曲之战。秦国东边的道路不通，那是由秦康公同我们断绝友好关系造成的。

【原文】

"及君之嗣也，我君景公引领西望曰：'庶抚我乎！'君亦不惠称盟，利吾有狄难，入我河县，焚我箕、郜[1]，芟夷我农功，虔刘我边陲。我是以有辅氏之聚。君亦悔祸之延，而欲徼福于先君献、穆，使伯车来，命我景公曰：'吾与女同好弃恶，复修旧德，以追念前勋。'言誓未就，景公即世，我寡君是以有令狐之会。君又不祥，背弃盟誓。白狄及君同州，君之仇雠，而我之昏姻也。君来赐命曰：'吾与女伐狄。'寡君不敢顾昏姻，畏君之威，而受命于吏。君有二心于狄，曰：'晋将伐女。'狄应且憎，是用告我。楚人恶君之二三其德也，亦来告我曰：'秦背令狐之盟，而来求盟于我，昭告昊天上帝、秦三公、楚三王曰："余虽与晋出入，余唯利是视。"不榖恶其无成德，是用宣之，以惩不壹。'诸侯备闻此言，斯是用痛心疾首，昵就寡人。寡人帅以听命，唯好是求。君若惠顾诸侯，矜哀寡人，而赐之盟，则寡人之愿也。其承宁诸侯以退〔2〕，岂敢徼乱。君若不施大惠，寡人不佞，其不能以诸侯退矣。敢尽布之执事，俾执事实图利之！"

【注释】

〔1〕箕：在今山西。郜（gào）：在今山西，与箕邑相距不远。

〔2〕承宁：止息，安静。

【译文】

"等到您继位以后，我们的国君景公伸着脖子望着西边说：'秦国大概要安抚我们了吧！'可是您仍不肯加恩结盟，反而趁我国有狄人的祸乱，侵入我国黄河沿岸的县邑，焚烧我国的箕地、郜地，抢割、毁坏我国的庄稼，骚扰我国的边境，我国因此发动了辅氏之战。您也后悔战祸的蔓延，而想求福于先君晋献公和秦穆公，派伯车前来命令我们景公说：'我跟你同心同德，抛弃怨恨，恢复以往的恩德，以追念前人的功业。'盟约还没有达成，我国景公就去世了。因此我们国君才和您有令狐的会见。但您又萌不良之心，背弃了盟誓。白狄和您同在雍州境内，他们是您的仇敌，却是我晋国的姻亲。您前来命令说：'我与你共同征讨狄。'我国君不敢顾念姻亲关系，畏惧您的威严，因而接受贵国使臣传来的命令。但您又对狄人有了别的念头，告诉他们说：'晋国将要攻打你们。'对您的做法，狄人表面接受，心中却憎恨，因此将这话告诉我们。楚国人也讨厌您的反复无常，也来告诉我们说：'秦国背弃了令狐的盟约，而来向我国请求结盟，并对着皇天上帝、秦国的三位先公、楚国的三位先王祝告："我虽然和晋国有往来，我只是唯利是图。"我们讨厌秦君反复无常，因此把事情公布出来，以惩戒言行不一的人。'诸侯听到了这些话，因此才对秦国感到痛心疾首，都来和我国君亲近。我国君率领诸侯以听候您的命令，只是为了请求和好。您如果友好仁慈地顾念诸侯，怜悯我国君，而赐我们以盟约，是我国君的愿望。那就可以安定诸侯而使之退走，岂敢谋求战乱？如果您不施大恩大惠，寡人不才，恐怕就不能率领诸侯退走了。谨把内心的话陈述于您的左右执事，请执事权衡利害吧。"

晋楚鄢陵之战

【原文】

晋侯将伐郑,范文子曰:"若逞吾愿[1],诸侯皆叛,晋可以逞。若唯郑叛,晋国之忧,可立俟也。"栾武子曰:"不可以当吾世而失诸侯,必伐郑。"乃兴师。栾书将中军,士燮佐之。郤锜将上军,荀偃佐之。韩厥将下军,郤至佐新军,荀䓣居守。郤犨如卫,遂如齐,皆乞师焉。栾黡来乞师,孟献子曰:"晋有胜矣。"戊寅,晋师起。

【注释】

[1]逞:作满足解,下文"逞"字作施展解。

【译文】

晋厉公打算讨伐郑国,范文子说:"如果满足我的愿望,那么只有当诸侯都背叛我们时,我们才能出兵征讨。如果只是一个郑国背叛,那么晋国的忧患可能马上就来了。"栾书说:"不能在我们这一辈执政的时候失去诸侯的拥护,一定要征讨郑国。"于是就发兵。栾书率领中军,士燮作为辅佐;郤锜率领上军,荀偃作为辅佐;韩厥率领下军,郤至作为新军辅佐。荀䓣留守晋国。郤犨前往卫国,接着到齐国,请求两国出兵。栾黡前来我国请求出兵，孟献子说："晋国可能得胜了。"鲁成公十六年四月十二日，晋军出兵。

【原文】

郑人闻有晋师，使告于楚，姚句耳与往。楚子救郑。司马将中军，令尹将左，右尹子辛将右。过申，子反入见申叔时，曰："师其何如？"对曰："德、刑、详、义、礼、信，战之器也。德以施惠，刑以正邪，详以事神，义以建利，礼以顺时，信以守物。民生厚而德正，用利而事节，时顺而物成。上下和睦，周旋不逆，求无不具，各知其极。故《诗》曰：'立我烝民，莫匪尔极。'是以神降之福，时无灾害，民生敦厖，和同以听，莫不尽力以从上命，致死以补其阙。此战之所由克也。今楚内弃其民，而外绝其好，渎齐盟，而食话言，奸时以动，而疲民以逞。民不知信，进退罪也。人恤所厎，其谁致死？子其勉之！吾不复见子矣。"姚句耳先归，子驷问焉，对曰："其行速，过险而不整。速则失志，不整丧列。志失列丧，将何以战？楚惧不可用也。"

【译文】

郑国人听到晋国出兵，就派使者报告楚国，姚句耳同行。楚共王救援郑国。司马子反率领中军，令尹子重率领左军，右尹子辛率领右军。路过申地，子反拜见申叔时，说："这次作战结果会怎么样？"申叔时回答说："德行、刑罚、和顺、道义、礼法、信用，这是战争的手段。德行用来施予恩惠，刑罚用来纠正邪恶，和顺用来侍奉神灵，道义用来获取利益，礼法用来适合时宜，信用用来保有万物。人民生活丰厚，德行就端正；使用人民若于国家有利，事情就合于法度；时宜合适，万物就有所成就。

这样就能上下和睦，行为处事就不会受阻，有所需求无不具备，各人都懂得行事的准则。所以《诗经》说：'先王治理百姓，让他们无不懂得行为准则。'这样，神灵就降福于他，四时没有灾害，百姓生活富足，齐心一致地听从指挥，没有不尽力以服从上面命令的，不顾性命来弥补国家的损失，这就是战争之所以能够胜利的原因。现在楚国对内抛弃百姓，对外绝友好的国家，亵渎神圣的盟约而说话不算数，违背农时而发动战争，以百姓的疲劳来满足自己的欲望。人民不知道什么是信用，进退都是罪过。士卒在为奔赴前线担忧，还有谁肯卖命送死？您努力自勉吧！我不会再看到您了。"姚句耳先回郑国，子驷询问情况，他回答说："楚军行军迅速，经过险要的地方时不加整饬。动作太快就会考虑不周，不加整饬就会失去队形队列。考虑不周，队列丧失，凭什么能作战？楚国恐怕不能依靠了。"

【原文】

五月，晋师济河。闻楚师将至，范文子欲反，曰："我伪逃楚，可以纾忧。夫合诸侯，非吾所能也，以遗能者。我若群臣辑睦以事君，多矣。"武子曰："不可。"

六月，晋、楚遇于鄢陵。范文子不欲战。郤至曰："韩之战，惠公不振旅；箕之役，先轸不反命；邲之师，荀伯不复从。皆晋之耻也。子亦见先君之事矣。今我辟楚，又益耻也。"文子曰："吾先君之亟战也，有故。秦、狄、齐、楚皆强，不尽力，子孙将弱。今三强服矣，敌楚而已。唯圣人能外内无患，自非圣人，外宁必有内忧。盍释楚以为外惧乎？"

【译文】

五月，晋军渡过黄河。听说楚军将要到达，范文子想撤回去，说："我们假装逃避楚军，这样就能够缓解国内的忧患。会合诸侯，不是我们所能做到的，还是把它留给有能力的人吧。如果我们群臣能和衷共济地侍奉国君，这就够了。"栾武子说："不行。"

六月，晋、楚两军在鄢陵相遇。范文子不想交战。郤至说："韩之战，惠公失败归来；箕之战，先轸不能回国复命；邲之战，荀伯不能再跟楚军周旋。这都是晋国的耻辱。您也了解先君时代的情况了。现在我们如果逃避楚军，又会给晋国增添耻辱。"范文子说："我们先君屡次征战，是有原因的。秦国、狄人、齐国、楚国都很强大，如果我们不尽自己的力量征战，子孙将会被削弱。现在秦、狄、齐三个强国已经顺服，敌人仅楚国而已。只有圣人才能够使外部、内部都没有祸患。我们不是圣人，外部安定，内部必然会有忧患，何不放过楚国，把它作为引起戒惧的外部国家呢？"

【原文】

甲午晦，楚晨压晋军而陈。军吏患之。范匄趋进[1]，曰："塞井夷灶，陈于军中，而疏行首。晋、楚唯天所授，何患焉？"文子执戈逐之，曰："国之存亡，天也。童子何知焉？"栾书曰："楚师轻窕[2]，固垒而待之，三日必退。退而击之，必获胜焉。"郤至曰："楚有六间[3]，不可失也：其二卿相恶；王卒以旧；郑陈而不整；蛮军而不陈；陈不违晦；在陈而嚣。合而加嚣，各顾其后，莫有斗心，旧不必良。以犯天忌，我必克之。"

【注释】

[1]范匄（gài）：士燮之子，一称范宣子。时年尚幼，故下文其父称之为"童子"。

〔2〕轻窕：不沉着，不庄重，浮躁。窕，同"佻"。

〔3〕间：间隙，弱点。

【译文】

六月最后一日，楚军在清早逼近晋军而摆开阵势。晋国的军吏为此担心。范匄跑进营帐，说："填井平灶，在军营中摆开阵势，把队伍行列间的距离放宽。晋、楚两国都是上天赐予的国家，有什么可担心的？"范文子拿起戈驱逐他，说："国家的存亡，是天意，小孩子知道什么？"栾书说："楚军轻浮急躁，我们只要加固营垒而等待他们，三天后楚军必退。趁他们退走时加以追击，一定获胜。"郤至说："楚军有六个弱点，这次的机会不可失掉：楚国的两个卿互相排斥；楚共王的亲兵都是旧家子弟；郑国虽然摆开阵势，但军容不整齐；蛮人虽有军队，但并未有阵容；楚军摆阵不避晦日；士兵在阵中喧闹。两军相遇就更加喧闹。各军彼此观望，没有战斗意志，旧家子弟不一定是强兵。所有这些都触犯了天意和兵家大忌，我们一定能战胜他们。"

【原文】

楚子登巢车以望晋军〔1〕，子重使大宰伯州犁侍于王后〔2〕。王曰："骋而左右，何也？"曰："召军吏也。""皆聚于军中矣！"曰："合谋也。""张幕矣。"曰："虔卜于先君也。""彻幕矣！"曰："将发命也。""甚嚣，且尘上矣！"曰："将塞井夷灶而为行也。""皆乘矣，左右执兵而下矣！"曰："听誓也。""战乎？"曰："未可知也。""乘而左右皆下矣。"曰："战祷也。"伯州犁以公卒告王。苗贲皇在晋侯之侧，亦以王卒告。皆曰："国士在，且厚，不可当也。"苗贲皇言于晋侯曰："楚之良，在其中军王族而已。请分良以击其左右，而三军萃于王卒，必大败之。"公筮之，史曰："吉。其卦遇《复》䷗，曰：'南国蹙，射其元王，中厥目。'国王伤，不败何待？"公从之。

【注释】

〔1〕巢车：瞭望敌人之战车。后代巢车有八轮，车上立高杆，杆顶装有辘轳，用绳子牵引木屋升降。当需要观察敌情时，君主或元帅偕同谋士乘木屋升至杆顶，观毕降下。春秋时巢车当与之相近。

〔2〕大宰：官名，掌王族事务。大，通"太"。伯州犁：晋大夫伯宗之子，因其父被杀而奔楚。

【译文】

楚共王登上巢车瞭望晋军。子重让太宰伯州犁侍立于楚共王身后。楚共王问："车子时左时右地驰骋，这是何故？"伯州犁回答说："这是在召集军吏。""都聚集在军帐之中了。"伯州犁说："这是在一起谋划军务。""帐幕张开了。"伯州犁说："这是在虔诚地向先君问卜。""帐幕撤除了。"伯州犁说："这是将要发布命令了。""喧闹得厉害，而且尘土飞扬起来了。"伯州犁说："这是准备填井平灶摆开阵势。""都登上战车了，但将领和车右都拿着武器下车了。"伯州犁说："这是要去听取主帅的誓师号令。""要出战了吗？"伯州犁说："还不知道。""晋军上了战车，但将领和车右又下来了。"伯州犁说："这是战前的祈祷。"伯州犁把晋厉公亲兵的情况向楚共王报告。苗贲皇站在晋厉公的旁边，也把楚共王亲兵的情况向晋厉公报告。晋厉公左右的将士们都说："楚国杰出的人才伯州犁在军中，而且军队人数众多，不能抵挡。"苗贲皇对晋厉公说："楚国的精兵仅仅是中军的亲兵而已。请把我们的精兵分成两部分，去攻击他们的左右军，再集中三军攻打楚王亲兵，一定可以大败楚军。"晋厉公让太史占筮。太史说:"吉利。得到《复》卦。卦辞说:'南方的国家窘迫,射它的国王,中其一目。'国家窘迫,国王受伤,楚国不失败,还等什么呢?"晋厉公按这个卦去做。

【原文】

有淖于前,乃皆左右相违于淖。步毅御晋厉公,栾鍼为右。彭名御楚共王,潘党为右。石首御郑成公,唐苟为右。栾、范以其族夹公行,陷于淖。栾书将载晋侯,鍼曰:"书退,国有大任,焉得专之。且侵官,冒也;失官,慢也;离局,奸也。有三罪焉,不可犯也。"乃掀公以出于淖。

癸巳,潘尪之党与养由基蹲甲而射之[1],彻七札焉[2]。以示王,曰:"君有二臣如此,何忧于战?"王怒曰:"大辱国。诘朝尔射,死艺。"吕锜梦射月,中之,退入于泥。占之,曰:"姬姓,日也。异姓,月也,必楚王也。射而中之,退入于泥,亦必死矣。"及战,射共王中目。王召养由基,与之两矢,使射吕锜,中项,伏弢。以一矢复命。

养由基

【注释】

[1]蹲甲而射之:把铠甲叠起来用箭去射。蹲,积叠。

[2]彻七札:透过七层甲。

【译文】

晋军前面有泥沼，于是晋军都或左或右地避开泥沼而行。步毅驾驭晋厉公的战车，栾鍼作为车右。彭名驾驭楚共王的战车，潘党作为车右。石首驾驭郑成公的战车，唐苟作为车右。栾氏、范氏带领着他们私族部队左右护卫着晋厉公前进。战车陷在泥沼里。栾书打算让晋厉公乘坐自己的战车。他儿子栾鍼说："栾书退下去！国家有许多重大任务，你哪能一人包办了？而且侵夺别人的职权，这是冒犯；丢弃自己的职责，这是怠慢；离开自己的部下，这是错误的。这三条罪过，都是不能触犯的。"于是他托起晋厉公的战车，将它推出泥沼。

六月二十八日，楚大夫潘尪的儿子潘党和楚大夫养由基把铠甲叠起来去射，穿透了七层。拿去给楚共王看，说："君王有这样两个臣下在这里，还有什么可担心的？"楚共王发怒说："太羞辱国家了！明早作战，你们射箭，将会死在这技艺上。"这天晚上，晋将吕锜梦见自己射月亮，射中了，自己却退进了泥坑。占卜的人说："姬姓，是太阳；异姓，是月亮，这一定是楚王了。射中了他，自己又退进泥坑，你一定会战死。"等到作战时，吕锜射中了楚王的眼睛。楚王召唤养由基，给他两支箭，让他射吕锜。养由基射中吕锜的脖子，吕锜伏在弓套上死了。养由基拿着剩下的一支箭向楚共王复命。

【原文】

郤至三遇楚子之卒，见楚子必下，免胄而趋风。楚子使工尹襄问之以弓，曰："方事之殷也，有韎韦之跗注，君子也。识见不穀而趋，无乃伤乎？"郤至见客，免胄承命，曰："君之外臣至从寡君之戎事，以君之灵，间蒙甲胄，不敢拜命。敢告不宁，君命之辱。为事之故，敢肃使者。"三肃使者而退。

晋韩厥从郑伯,其御杜溷罗曰:"速从之!其御屡顾,不在马,可及也。"韩厥曰:"不可以再辱国君。"乃止。郤至从郑伯,其右茀翰胡曰:"谍辂之[1],余从之乘,而俘以下。"郤至曰:"伤国君有刑。"亦止。石首曰:"卫懿公唯不去其旗,是以败于荧。"乃内旌于弢中。唐苟谓石首曰:"子在君侧,败者壹大[2]。我不如子,子以君免,我请止。"乃死。

【注释】

〔1〕谍辂之:派小股轻快之军绕到郑伯前拦截。谍,侦察兵,此指小股轻快之军。辂,迎战,此指拦截。

〔2〕壹:专心一意。大:此指国君。

【译文】

郤至三次碰到楚共王的士兵,见到楚共王时,一定下车,脱下头盔,快步向前走。楚共王派工尹襄送给他一张弓,以示问候,说:"正当战事激烈的时候,有一位身穿赤黄色牛皮军服的人,是君子啊!刚才见到我而快走,恐怕是受伤了吧!"郤至接见楚军来客,脱下头盔接受了问候,说:"贵国大王的外臣郤至,跟随我们国君作战,托楚君的威灵,参与了披甲的行列,所以无法接受楚王的慰劳。谨向大王报告,我没有受伤,对于大王的问候,我感到惭愧。由于战事,谨向使者肃拜。"他向使者肃拜三次以后才退走。

晋国的韩厥追赶郑成公,他的御者杜溷罗说:"赶快追上去!他们的御者屡屡回头看,注意力不在马上,可以赶上。"韩厥说:"不能再次羞辱国君了。"于是就停止追赶。郤至追赶郑成公,他的车右茀翰胡说:"另外派轻车从小道迎击,我追上他的战车把他俘获抓下。"郤至说:"伤害国君要受到刑罚。"也停止了追赶。郑成公的御者石首说:"卫懿公由于不去掉他的旗帜，所以才在荥泽战败。"于是就把旗帜放进弓袋里。车右唐苟对石首说："您在国君旁边，战败者应该一心保护国君。我不如您，您带着国君逃走，我请求留下。"于是唐苟就战死了。

【原文】

楚师薄于险，叔山冉谓养由基曰："虽君有命，为国故，子必射。"乃射，再发，尽殪。叔山冉搏人以投，中车，折轼。晋师乃止。囚楚公子茷。

栾鍼见子重之旌，请曰："楚人谓：'夫旌，子重之麾也。'彼其子重也。日臣之使于楚也，子重问晋国之勇。臣对曰：'好以众整。'曰：'又何如？'臣对曰：'好以暇。'今两国治戎，行人不使，不可谓整；临事而食言，不可谓暇。请摄饮焉[1]。"公许之，使行人执榼承饮[2]，造于子重，曰："寡君乏使，使鍼御持矛。是以不得犒从者，使某摄饮。"子重曰："夫子尝与吾言于楚，必是故也，不亦识乎？"受而饮之。免使者而复鼓。

【注释】

[1]请摄饮：请求派人代替自己前去向子重献酒。摄，代也。
[2]执榼承饮：执酒器奉酒。榼，盛酒器。承，奉也。

【译文】

楚军被晋军逼迫在险阻的地方，叔山冉对养由基说："虽然国君有禁令，但为了国家，你一定要射箭。"养由基就射向晋军，连发两箭，被射的人都死了。叔山冉抓住晋国人，又向晋军掷过去，掷中战车，折断了车前的横木。晋军于是停止追击，俘获并囚禁了楚国的公子茷。

栾鍼见到子重的旌旗，向晋厉公请求说："楚国人说：'那面旌旗是子重的旗号。'他恐怕就是子重吧。当初下臣出使到楚国,子重问起晋国的勇武表现在哪里。下臣回答说:'喜好部队整饬周密。'子重又问:'还有什么?'下臣回答说:'喜好从容不迫。'现在两国交战,不派遣使者,不能说是整饬周密;遇到战事就说话不算数,不能说是从容不迫。请君王派人替我给子重进酒。"晋厉公答应了,派遣使者拿着酒器奉酒,到了子重那里,说:"我们国君缺乏人才,才让栾鍼执矛侍立在他身边,因此不能犒赏您的随从,派我前来代他进酒。"子重说:"那位先生曾跟我在楚国交谈过,送酒来一定是这个原因。我不是也记起来了吗?"受酒而饮。送走使者后重新击鼓。

【原文】

且而战,见星未已。子反命军吏察夷伤,补卒乘,缮甲兵,展车马,鸡鸣而食,唯命是听。晋人患之。苗贲皇徇曰:"蒐乘补卒[1],秣马利兵,修陈固列,蓐食申祷[2],明日复战。"乃逸楚囚[3]。王闻之,召子反谋。穀阳竖献饮于子反,子反醉而不能见。王曰:"天败楚也夫!余不可以待。"乃宵遁。

晋入楚军,三日谷。范文子立于戎马之前,曰:"君幼,诸臣不佞,何以及此?君其戒之!《周书》曰'唯命不于常',有德之谓。"

【注释】

〔1〕蒐乘:检阅清点车马。
〔2〕申祷:再次向神灵祈祷求胜。
〔3〕逸楚囚:故意放走楚国俘虏。

【译文】

早晨开始作战,直至见到星星还没有结束。子反命令军吏查点伤情,补充士卒战车,修理盔甲武器,排列战车战马,鸡鸣的时候进食,只能听从主帅子反一人的命令。晋人因此担心。苗贲皇通告全军说:"检阅战车,补充士卒,喂好马匹,磨快武器,整顿军阵,巩固行列,早早地进食,再次祷告,明日再战。"晋人故意放走楚国的俘虏。楚共王听到这些情况,召子反商量。子反的小臣榖阳竖献酒给子反,子反喝醉了,不能进见。楚共王说:"这是上天要让楚国失败啊!我不能坐以待毙。"于是在夜里逃走了。

晋军攻入楚国军营,吃了三天楚军留下的粮食。范文子站在晋厉公的车马前面,说:"国君您年纪尚轻,下臣们没有才智,怎么能取得这个战果?国君您要警惕啊!《周书》说'天命所在并非一成不变',说的是有德的人才可以享有天命。"

【原文】

楚师还及瑕。王使谓子反曰:"先大夫之覆师徒者,君不在。子无以为过,不榖之罪也。"子反再拜稽首曰:"君赐臣死,死且不朽。臣之卒实奔,臣之罪也。"子重使谓子反曰:"初陨师徒者,而亦闻之矣!盍图之?"对曰:"虽微先大夫有之,大夫命侧,侧敢不义?侧亡君师,敢忘其死?"王使止之,弗及而卒。

【译文】

楚军撤回,到达瑕地,楚共王派人对子反说:"先大夫子玉让楚军(在城濮之役中)覆败,当时成王不在军中。(此战我在军中。)您不要认为是自己的过错,这是我的罪过。"子反再拜，叩头说："大王赐下臣一死，死而不朽。下臣的士兵的确败逃了，这是下臣的罪过。"子重也派人对子反说："当初让楚军覆败的人，他的结果你也听说了吧！何不自己考虑一下？"子反回答说："即使没有先大夫子玉自杀谢罪的事，大夫命令侧考虑，侧岂敢贪生而陷于不义？侧使国君的军队败亡，岂敢忘记先大夫的自杀？"楚共王派人阻止他，还没赶到，子反就自杀了。

晋祁奚举贤

【原文】

祁奚请老,晋侯问嗣焉。称解狐,其仇也,将立之而卒。又问焉,对曰:"午也可。"于是羊舌职死矣,晋侯曰:"孰可以代之?"对曰:"赤也可。"于是使祁午为中军尉,羊舌赤佐之。

君子谓:"祁奚于是能举善矣。称其仇,不为谄;立其子,不为比[1];举其偏,不为党。《商书》曰:'无偏无党[2],王道荡荡[3]。'其祁奚之谓矣。解狐得举,祁午得位,伯华得官,建一官而三物成,能举善也夫。唯善,故能举其类。《诗》云:'惟其有之,是以似之[4]。'祁奚有焉。"

唯善,故能举其类

【注释】

〔1〕比:因私情而偏爱。

〔2〕无偏无党:不徇

私情，不结朋党。

〔3〕王道荡荡：遵行王道而公正无私。

〔4〕惟其有之，是以似之：见《诗经·小雅·裳裳者华》。诗意为唯善人有此美德，故而他的后代能继承此善。比喻祁奚有善德，他举荐之人亦能继承之。似，通"嗣"，后嗣，继承人。

【译文】

祁奚请求告老退休，晋悼公问谁来接替他好。祁奚举荐解狐。解狐，是祁奚的仇人，晋悼公打算任命解狐，解狐却死了。晋悼公又问祁奚，祁奚回答说："祁午也可以胜任。"这时羊舌职死了，晋悼公问："谁可以接替他？"祁奚回答说："羊舌赤可以胜任。"因此，晋悼公就任命祁午为中军尉，羊舌赤为副职。

君子认为："祁奚在这种情况下能够举荐贤才。举荐他的仇人而不是谄媚，推荐他的儿子而不是偏私，推举他的副手而不为结党。《商书》说：'不偏私不结党，君王之道浩浩荡荡。'这说的就是祁奚啊。解狐能被推举，祁午能得到任命，伯华（羊舌赤）能获得官位，立了一个中军尉，而做成了三件（好）事，是由于能举荐贤人啊。唯其贤明，才能举荐类似他的贤人。《诗经》说，'正因为具有美德，被举荐的人才能和他相似。'祁奚就是这样的人。"

师旷论卫人出其君

【原文】

师旷侍于晋侯。晋侯曰:"卫人出其君,不亦甚乎?"对曰:"或者其君实甚。良君将赏善而刑淫,养民如子,盖之如天,容之如地;民奉其君,爱之如父母,仰之如日月,敬之如神明,畏之如雷霆,其可出乎?夫君,神之主而民之望也。若困民之主,匮神乏祀,百姓绝望,社稷无主,将安用之?弗去何为?天生民而立之君,使司牧之,勿使失性;有君而为之贰,使师保之,勿使过度。是故天子有公,诸侯有卿,卿置侧室,大夫有贰宗,士有朋友,庶人、工、商、皂、隶、牧、圉皆有亲昵,以相辅佐也。善则赏之,过则匡之,患则救之,失则革之。自王以下,各有父兄子弟以补察其政。史为书,瞽为诗,工诵箴谏,大夫规诲,士传言,庶人谤,商旅于市,百工献艺。故《夏书》曰:'遒人以木铎徇于路,官师相规,工执艺事以谏。'正月孟春,于是乎有之,谏失常也。天之爱民甚矣!岂其使一人肆于民上,以从其淫而弃天地之性?必不然矣!"

【译文】

师旷随侍在晋悼公身边。晋悼公说:"卫国人赶走他们的国君,不是太过分了吗?"师旷回答说:"或许是他们的国君太过分了。好的国君会奖赏善良，惩治邪恶，抚育百姓如同对待儿女，庇护他们就像苍天，容纳他们就像大地；百姓尊奉自己的国君，爱戴他好像爱戴父母，敬仰他好像敬仰日月，敬重他好像敬重神灵，畏惧他好像畏惧雷霆，哪能赶走呢？国君，是祭神的主持者和百姓的希望。如果让百姓的财物缺少，神灵失去祭祀，百姓断绝希望，国家无人主持，哪里会用得着他？为什么不赶走他？上天生下百姓并且为他们置立国君，让他统治他们，不使他们失掉天性；有了国君还为他设置卿大夫辅佐，让他们去教诲保护他，不让他做事过分。因此天子有公，诸侯有卿，卿设立侧室，大夫有贰宗，士有朋友，庶人、工、商、皂、隶、牧、圉都有亲近的人，用来互相帮助。好的就表彰，过头就纠正，患难就救助，错误就革除。从天子以下各有父兄子弟来观察补救他们行事的过失。太史加以记载，乐师写作诗歌，乐工诵读箴谏，大夫规劝开导，士传达意见，庶人指责，商人在市场上议论，各种工匠呈现技艺。所以《夏书》说：'宣布教化的官员摇着木铎在大路上巡行，官员规劝，工匠通过技艺进行劝谏。'正月孟春，这时候就有官员在大道上摇动木铎，是为了让人劝谏君主失去常规的行为。上天对百姓的关爱是非常周到的！难道会让一个人在百姓头上任意作为，放纵他的邪恶而失去天地的本性吗？一定不会这样的！"

伯州犁问囚

【原文】

楚子、秦人侵吴,及雩娄[1],闻吴有备而还。遂侵郑。五月,至于城麇[2]。郑皇颉戍之,出,与楚师战,败。穿封戌囚皇颉,公子围与之争之,正于伯州犁。伯州犁曰:"请问于囚。"乃立囚。伯州犁曰:"所争,君子也,其何不知?"上其手,曰:"夫子为王子围,寡君之贵介弟也[3]。"下其手,曰:"此子为穿封戌,方城外之县尹也。谁获子?"囚曰:"颉遇王子,弱焉。"戌怒,抽戈逐王子围,弗及。楚人以皇颉归。

【注释】

〔1〕雩娄:在今河南固始东南。

〔2〕城麇(jūn):地名,所在无考。

〔3〕贵介:地位高贵。

【译文】

楚康王、秦国人联军侵袭吴国,到达雩娄,听说吴国有了防备而退兵,就顺道攻打郑国。五月,到达城麇。郑国的皇颉在城麇戍守,出城和楚军交战,战败。穿封戌俘虏了皇颉,公子围和他争功,要伯州犁评判是非。伯州犁说:"请问一下俘虏。"

于是就让俘虏站在前面。伯州犁说："他们所争夺的对象便是您，您是君子，有什么不明白的呢？"举起手，说："那一位是王子围，是国君尊贵的弟弟。"放下手，说："这个人是穿封戍，是方城外的县尹。谁俘虏了您？"俘虏说："颉碰上王子，抵抗不住而被擒。"穿封戍发怒，抽出戈追赶王子围，没有追上。楚国人带着皇颉回国了。

蔡声子论晋用楚材

【原文】

初，楚伍参与蔡太师子朝友，其子伍举与声子相善也。伍举娶于王子牟。王子牟为申公而亡，楚人曰："伍举实送之。"伍举奔郑，将遂奔晋。声子将如晋，遇之于郑郊，班荆相与食，而言复故。声子曰："子行也，吾必复子。"

及宋向戌将平晋、楚，声子通使于晋，还如楚。令尹子木与之语，问晋故焉，且曰："晋大夫与楚孰贤？"对曰："晋卿不如楚，其大夫则贤，皆卿材也。如杞、梓、皮革，自楚往也。虽楚有材，晋实用之。"子木曰："夫独无族姻乎？"对曰："虽有，而用楚材实多。归生闻之：'善为国者，赏不僭而刑不滥。'赏僭，则惧及淫人；刑滥，则惧及善人。若不幸而过，宁僭，无滥。与其失善，宁其利淫。无善人，则国从之。《诗》曰：'人之云亡，邦国殄瘁。'无善人之谓也。故《夏书》曰：'与其杀不辜，宁失不经。'惧失善也。《商颂》有之曰：'不僭不滥，不敢怠皇。命于下国，封建厥福。'此汤所以获天福也。古之治民者，劝赏而畏刑，恤民不倦。赏以春夏，刑以秋冬。是以将赏，为之加膳，加膳则饫赐，此以知其劝赏也。将刑，为之不举，不举则彻乐，此以知其畏刑也。夙兴夜寐，朝夕临政，此以知其恤民也。三者，礼之大节也。有礼无败。今楚多淫刑，其大夫逃死于四方，而为之谋主，以害楚国，不可救疗，所谓不能也。

"子仪之乱，析公奔晋，晋人置诸戎车之殿，以为谋主。绕角之役，晋将遁矣，析公曰：'楚师轻窕，易震荡也。若多鼓钧声，以夜军之，楚师必遁。'晋人从之，楚师宵溃。晋遂侵蔡，袭沈，获其君，败申、息之师于桑隧，获申丽而还。郑于是不敢南面。楚失华夏，则析公之为也。

"雍子之父兄谮雍子，君与大夫不善是也，雍子奔晋，晋人与之鄐，以为谋主。彭城之役，晋、楚遇于靡角之谷。晋将遁矣，雍子发命于军曰：'归老幼，反孤疾，二人役，归一人。简兵蒐乘，秣马蓐食，师陈焚次，明日将战。'行归者，而逸楚囚。楚师宵溃，晋降彭城而归诸宋，以鱼石归。楚失东夷，子辛死之，则雍子之为也。

"子反与子灵争夏姬，而雍害其事，子灵奔晋，晋人与之邢，以为谋主，扞御北狄，通吴于晋，教吴叛楚，教之乘车、射御、驱侵，使其子狐庸为吴行人焉。吴于是伐巢、取驾[1]、克棘[2]、入州来[3]，楚罢于奔命，至今为患，则子灵之为也。若敖之乱，伯贲之子贲皇奔晋，晋人与之苗[4]，以为谋主。鄢陵之役，楚晨压晋军而陈。晋将遁矣，苗贲皇曰：'楚师之良在其中军王族而已，若塞井夷灶，成陈以当之，栾、范易行以诱之，中行、二郤必克二穆，吾乃四萃于其王族，必大败之。'晋人从之，楚师大败，王夷师熸，子反死之。郑叛，吴兴，楚失诸侯，则苗贲皇之为也。"

子木曰："是皆然矣。"声子曰："今又有甚于此。椒举娶于申公子牟，子牟得戾而亡，君大夫谓椒举，'女实遣之'。惧而奔郑，引领南望，曰：'庶几赦余'，亦弗图也。今在晋矣。晋人将与之县，以比叔向。彼若谋害楚国，岂不为患？"子木惧，言诸王，益其禄爵而复之。声子使椒鸣逆之。

【注释】

〔1〕驾：地名，在今安徽无为。
〔2〕棘：地名，今河南永城。
〔3〕州来：地名，今安徽凤台。
〔4〕苗：晋邑，在今河南济源。

【译文】

当初，楚国的伍参和蔡国的太师子朝友好，他的儿子伍举和声子也互相友好。伍举娶了王子牟的女儿。王子牟任申公时获罪逃亡，楚国人说："伍举确实护送了他。"伍举逃亡到郑国，准备再逃往晋国。声子将要出使去晋国，在郑国郊外与伍举相遇，坐在草地上一起吃东西，并谈到回楚国的事。声子说："你走吧，我一定想办法让你回去。"

等到宋国的向戌准备调解晋国和楚国的关系时，声子出使晋国。回到楚国，令尹子木和他谈话，询问晋国的事，并说："晋国的大夫和楚国的大夫比，谁更贤明？"声子回答说："晋国的卿不如楚国的卿，晋国的大夫是贤明的，都是当卿的人才。就如杞木、梓木、皮革，都是从楚国运去的，虽然楚国有人才，却被晋国所用。"子木说："他们没有同宗和亲戚吗？"声子回答说："虽然有，但更多的是使用楚国的人才。归生听说：'善于治理国家的人，赏赐不过分，而刑罚不滥用。'赏赐过分，就怕奖励了坏人；刑罚滥用，就怕牵连好人。如果不幸而出现过分，宁可多赏，不要滥罚。与其失掉好人，宁可利于坏人。没有好人，国家就跟着受害。《诗经》说：'良臣贤士都跑光了，国家就遭受灾害。'说的就是国家没有好人的情况。所以《夏书》说：'与其杀害无辜，宁可对罪人失于刑罚。'这就是怕失去好人。《商颂》有这样的话：'不过分不滥用，不敢懈怠偷闲。向下国发布命令，大力培植其福。'这就是汤之所以获得上天赐福的原因。古代治理百姓的人，乐于赏赐而怕用刑罚，为百姓操心而不知疲倦。在春季、夏季行赏，在秋季、冬季行刑。因此，在将要行赏的时候就增加膳食，加膳以后可以把剩余的食品赐给下面，从而让人知道他乐于赏赐。将要行刑的时候就减少膳食，减了膳食就撤去音乐，由此而知他怕用刑罚。早起晚睡，早晚都亲临办理国事，由此而知他在为百姓操心。这三件事，是礼仪的关键。讲求礼仪就不会失败。现在楚国滥用刑罚，楚国的大夫四处逃命，并且成为所去国家的谋士，来危害楚国，以至于不可救药了，这就是楚国不能用其才的情况。

"子仪之乱，析公逃亡到晋国，晋国人把他安置在晋侯战车的后面，让他作为主要谋士。绕角那次战役，晋军将要逃跑了，析公说：'楚军轻佻，容易被威慑震住。如果同时敲打许多鼓发出大声，在夜里全军进攻，楚军必定溃逃。'晋国人采纳了他的意见，楚军果然当夜溃败。晋国于是侵袭蔡国，袭击沈国，俘虏了沈国的国君，在桑隧打败申国和息国军队，俘虏了申丽而回国。郑国这时再不敢服从南面的楚国。楚国丧失了中原，这都是析公造成的。

"雍子的父亲和哥哥诬陷雍子，国君和大夫不能辨明是非曲直，雍子只好逃亡到晋国，晋国人将鄐地给了他，并让他作为主要谋士。彭城那次战役，晋军、楚军在靡角之谷相遇。晋军打算逃走，雍子对军队发布命令说：'年纪老的和年纪小的都回去，孤儿和有病的也都回去，兄弟两个服役的回去一个。精选步兵，检阅车兵，喂饱马匹，让兵士吃饱，军队摆开阵势，焚烧军帐，明天将要决一死战。'于是让该回去的都回去了，并且故意放走楚国俘虏。楚军当夜溃败。晋国降服了彭城而归还给宋国，押解着鱼石回国。楚国失去东夷，子辛为此战而阵亡，这都是雍子所起的作用。

"子反和子灵(即申公巫臣)争夺夏姬而阻挠子灵的婚事,子灵逃亡到晋国,晋国人封给他邢地,让他作为主要谋士。子灵献计抵御北狄,让吴国和晋国通好,教吴国背叛楚国,教他们乘车、射箭、驾车奔驰作战,让他的儿子狐庸做了吴国的行人。吴国这时攻打巢地,夺取驾地,攻克棘地,进入州来,楚国疲于奔命,到今天还是楚国的祸患,这都是子灵所做的。若敖之乱,伯贲的儿子贲皇逃亡到晋国,晋国人封给他苗地,让他作为主要谋士。鄢陵那次战役,楚军早晨逼近晋军并摆开阵势。晋军准备逃走。苗贲皇说:'楚军的精锐在于他们中军的王族而已,如果填井平灶,摆开阵势以抵挡他们,栾书、士燮改用家兵引诱楚军,中行和郤锜、郤至一定能够战胜对方的子重、子辛。我们再把军队从四面集中起来攻击楚国的中军王族,一定能够打得他们大败。'晋国人听从他的意见,楚军大败,楚共王受伤,军队一蹶不振,子反战死。郑国叛楚,吴国兴起,楚国失去诸侯,这都是苗贲皇所起的作用。"

子木说:"的确是这样的。"声子说:"现在又有比这厉害的。椒举(即伍举)娶了申公子牟的女儿,子牟获罪而逃亡。楚王及其大夫谴责椒举说:'是你让他逃跑的。'椒举害怕而逃亡到郑国,伸长脖子望着南方,说:'也许可以赦免我吧。'但楚国并没有放在心上。现在椒举已到晋国。晋国人准备给他封邑,而且和叔向的待遇一样。他如果出谋危害楚国,岂不成为祸患?"子木听了这些很恐惧,报告给楚康王,楚康王提高了椒举的官禄爵位,让他回楚国官复原职。声子让椒鸣去迎接椒举。

吴季札观乐

【原文】

吴公子札来聘。……

请观于周乐。使工为之歌《周南》《召南》[1],曰:"美哉!始基之矣,犹未也,然勤而不怨矣。"为之歌《邶》《鄘》《卫》,曰:"美哉,渊乎[2]!忧而不困者也。吾闻卫康叔、武公之德如是,是其《卫风》乎!"为之歌《王》,曰:"美哉!思而不惧,其周之东乎?"为之歌《郑》,曰:"美哉!其细已甚,民弗堪也。是其先亡乎!"为之歌《齐》,曰:"美哉!泱泱乎[3]!大风也哉!表东海者,其大公乎!国未可量也。"为之歌《豳》,曰:"美哉,荡乎!乐而不淫,其周公之东乎!"为之歌《秦》,曰:"此之谓夏声[4]。夫能夏则大,大之至也,其周之旧乎!"为之歌《魏》,曰:"美哉,沨沨乎[5]!大而婉[6],险而易行,以德辅此,则明主也。"为之歌《唐》,曰:

季札

"思深哉！其有陶唐氏之遗民乎！不然，何其忧之远也？非令德之后，谁能若是？"为之歌《陈》，曰："国无主，其能久乎！"自《郐》以下无讥焉。

【注释】

〔1〕《周南》《召南》：《诗经·国风》的开头两组诗歌。以下皆见《诗经》。

〔2〕渊：深远。

〔3〕泱泱乎：宏大之声。

〔4〕夏声：华夏之声。秦僻处陇西，周宣王时始命秦仲为大夫，始有车马礼乐。去戎狄之声而与诸夏同风，谓之夏声。

〔5〕沨（féng）沨：形容乐声抑扬顿挫。

〔6〕大而婉：声音虽大而委婉曲折。

【译文】

吴国公子季札到鲁国来访问。……

公子季札请求聆听观赏周朝的音乐和舞蹈。于是让乐工为他歌唱《周南》《召南》。季札说："真美妙啊！周朝的教化已经开始奠定基础了，不过还没有完善，然而百姓已经勤劳而不埋怨了。"为他歌唱《邶风》《鄘风》《卫风》，他说："真美妙啊，这样深远！忧愁而不窘迫。我听说卫康叔、武公的德行就像这样，这大概就是《卫风》吧！"为他歌唱《王风》，他说："真美妙啊！思虑而不恐惧，大概是周室东迁以后的诗吧！"为他歌唱《郑风》，他说："真美妙啊！但是它太过琐碎了，百姓不能忍受。这大概是郑国要先灭亡的原因吧！"为他歌唱《齐风》，他说："真美妙啊，这样宏大！这是大国的音乐啊！作为东海诸侯表率的，大概是太公的国家吧！国家的前途不可限量。"为他歌唱《豳风》，他说："真美妙啊，如此坦荡博大！

吴公子季札

欢乐而有节制,大概是周公东征的音乐吧!"为他歌唱《秦风》,他说:"这就叫作华夏之声。能发出夏声,自然声音洪亮,而且洪亮到极点了,恐怕是周朝的旧乐吧!"为他歌唱《魏风》,他说:"真美妙啊,多么抑扬顿挫!声音虽大而委婉曲折,节拍局促而易于推行,再用德行加以辅助,就是贤明的君主了。"为他歌唱《唐风》,他说:"思虑很深啊!大概有陶唐氏的遗民吧!否则,为什么那么忧思深远呢?不是美德者的后代,谁能这样?"为他歌唱《陈风》,他说:"国家没有主人,难道能够长久吗?"从《郐风》以下的诗歌,季札听了就没有评论了。

【原文】

为之歌《小雅》,曰:"美哉!思而不贰,怨而不言,其周德之衰乎?犹有先王之遗民焉。"为之歌《大雅》,曰:"广哉,熙熙乎[1]!曲而有直体[2],其文王之德乎!"为之歌《颂》,曰:"至矣哉!直而不倨,曲而不屈,迩而不逼,远而不携,迁而不淫,复而不厌,哀而不愁,乐而不荒,用而不匮,广而不宣,施而不费,取而不贪,处而不底,行而不流。五声和[3],八风平。节有度,守有序,盛德之所同也。"

【注释】

[1]熙熙:和乐的样子。

〔2〕曲而有直体：乐曲起伏跌宕而立意正直。

〔3〕五声和：指宫、商、角、徵、羽五音和谐。

【译文】

乐工为他歌唱《小雅》，他说："真美妙啊！虽有忧思却无背叛之心，虽有怨恨却不表现在语言中，恐怕是周朝德行衰落时的音乐吧！还有先王的遗民在啊！"为他歌唱《大雅》，他说："真广博啊，多和乐啊！起伏跌宕而立意正直，这大概是表现文王的德行吧！"为他歌唱《颂》，他说："到达顶点了！正直而不倨傲，曲折而不卑下，亲近而不冒犯，疏远而不离心，变化多端而不淫乱，反复重叠而不使人厌倦，哀伤而不忧愁，欢乐而不放浪过度，使用而不匮乏，宽广而不夸张炫耀，施与而不浪费，收取而不贪婪，静止而不停滞，行进而不放荡。五声和谐，八风协调。节拍有一定的尺度，乐器鸣奏都按次序，这都是盛德之人所共同具有的。"

【原文】

见舞《象箾》[1]、《南籥》者[2]，曰："美哉！犹有憾。"见舞《大武》者[3]，曰："美哉！周之盛也，其若此乎！"见舞《韶濩》者[4]，曰："圣人之弘也，而犹有惭德[5]，圣人之难也。"见舞《大夏》者[6]，曰："美哉！勤而不德，非禹，其谁能修之？"见舞《韶箾》者[7]，曰："德至矣哉，大矣！如天之无不帱也[8]，如地之无不载也。虽甚盛德，其蔑以加于此矣。观止矣！若有他乐，吾不敢请已。"

【注释】

〔1〕《象箾（shuò）》：一种歌颂文王的武舞。执竿而舞。象，武舞。箾，舞蹈者所持之杆状道具。

〔2〕《南籥（yuè）》：一种歌颂文王的文舞。持籥而舞。南，文舞。籥，一种似笛的乐器，为文舞时所持之道具。

〔3〕《大武》：歌颂武王的乐舞。

〔4〕《韶濩（hù）》：歌颂成汤的乐舞。

〔5〕惭德：德行上犹有欠缺。

〔6〕《大夏》：歌颂夏禹的乐舞。

〔7〕《韶箾》：歌颂虞舜的乐舞。

〔8〕帱（dào）：覆盖。

【译文】

公子札看到跳《象箾》《南籥》舞，说："真美妙啊！但还有遗憾。"看到跳《大武》舞，说："真美妙啊！周朝兴盛的时候，大概就像这样吧！"看到跳《韶濩》舞，说："像圣人那样伟大，德行上犹有欠缺，当圣人真难啊！"看到跳《大夏》舞，说："真美妙啊！勤劳于民事而不自以为有德，不是大禹，还有谁能做到呢？"看到跳《韶箾》舞，说："功德到达顶点了，真伟大啊！像上天没有不覆盖的，像大地没有不承载的。盛德到达顶点，就不能再有所增加了，聆听观看乐舞就到这里了。如果还有其他乐舞，我不敢再请求欣赏了。"

郑子产相国

【原文】

郑子皮授子产政。辞曰:"国小而逼,族大宠多,不可为也。"子皮曰:"虎帅以听,谁敢犯子?子善相之。国无小,小能事大,国乃宽。"

子产为政,有事伯石,赂与之邑。子大叔曰:"国皆其国也,奚独赂焉?"子产曰:"无欲实难。皆得其欲,以从其事,而要其成。非我有成,其在人乎?何爱于邑,邑将焉往?"子大叔曰:"若四国何?"子产曰:"非相违也,而相从也,四国何尤焉?《郑书》有之曰:'安定国家,必大焉先。'姑先安大,以待其所归。"既,伯石惧而归邑,卒与之。伯有既死,使大史命伯石为卿,辞。大史退,则请命焉。复命之,又辞。如是三,乃受策入拜。子产是以恶其为人也,使次己位。

【译文】

郑国的子皮把政权交给子产,子产辞谢说:"国家小而逼近大国,公族庞大而受宠的人又多,不能治理好。"子皮说:"我带头听你的安排,谁敢冒犯你?你好好地辅助国政吧。国家不在于小,小国能够侍奉大国,国家就可以宽舒缓和了。"

子产执政,有事情要伯石去办,就送给他城邑。子太叔说："国家是大家的国家,为什么唯独给他送东西?"子产说:"人没有欲望确实很难。我使他们的欲望得到满足,让他们为国办事,并以此要求他们把事办好。这不是我的功劳,难道是别人的功劳吗?对城邑有什么爱惜的,它会跑到哪里去?"子太叔说:"四方邻国将怎么看待?"子产说:"这样做不是为了互相违背,而是为了互相顺从,四方的邻国对我们有什么可责备的?《郑书》有这样的话:'安定国家,一定要优先考虑大族。'姑且先安定大族,以观察其结果。"不久,伯石因害怕而把城邑归还,最终子产还是把城邑给了他。伯有死了以后,子产让太史命令伯石做卿,伯石辞谢。太史退出,伯石又请求太史重新发布命令。命令下来了又辞谢。像这样一连三次,伯石才接受策书入朝拜谢。子产因此讨厌伯石的为人,但还是让他居于仅次于自己的职位。

【原文】

子产使都鄙有章[1],上下有服,田有封洫[2],庐井有伍[3]。大人之忠俭者,从而与之;泰侈者因而毙之。

丰卷将祭,请田焉。弗许,曰:"唯君用鲜,众给而已。"子张怒,退而征役。子产奔晋,子皮止之,而逐丰卷。丰卷奔晋。子产请其田、里,三年而复之,反其田、里及其入焉。

从政一年,舆人诵之,曰:"取我衣冠而褚之[4],取我田畴而伍之。孰杀子产,吾其与之!"及三年,又诵之,曰:"我有子弟,子产诲之;我有田畴,子产殖之[5]。子产而死,谁其嗣之?"

【注释】

[1]都鄙有章:国都与乡野的一切事情都有一定的规章。都,指国都。鄙,指乡野。章,分别也。

〔2〕封洫：田地疆界与灌田水沟。

〔3〕庐井有伍：将居民按照户口有一定的安排，使房舍和耕地合理配套。庐，舍也。井，农田。伍，犹列也。

〔4〕"取我"句：将不合身份地位的衣冠储藏起来。褚，储藏。

〔5〕殖：使增加产量。

【译文】

子产让国都和乡野的一切事情都有一定的规章，上下各司其职，田地有疆界和水沟，房舍和耕地合理配套。对卿大夫中忠诚俭朴的，听从他，亲近他；骄傲奢侈的，依法惩办。

丰卷准备祭祀，请求猎取祭品。子产不答应，说："只有国君祭祀才用新猎取的野兽，一般人只要普通的祭品就可以了。"丰卷（即子张）发怒，退出以后就召集士兵。子产要逃亡到晋国，子皮阻止他而驱逐了丰卷。丰卷逃亡到晋国，子产请求不要没收丰卷的田地、房舍，三年以后让丰卷回国复位，并把他的田地、房舍和三年来的收入都还给他。

子产参与政事一年，人们歌唱道："将我的衣冠藏起来，把我的田地重新安排。谁要杀死子产，我就助他一臂之力。"到了三年，又歌唱道："我有子弟，子产教诲他；我有田地，子产使它增产。子产如果死了，谁来继承他？"

【原文】

公薨之月，子产相郑伯以如晋。晋侯以我丧故，未之见也。子产使尽坏其馆之垣而纳车马焉。士文伯让之，曰："敝邑以政刑之不修，寇盗充斥，无若诸侯之属辱在寡君者何，是以令吏人完客所馆，高其闳闳[1]，厚其墙垣，以无忧客使。今吾子坏之，虽从者能戒，其若异客何？以敝邑之为盟主，缮完葺墙，以待宾客，若皆毁之，其何以共命[2]？寡君使匄请命。"

对曰："以敝邑褊小，介于大国，诛求无时，是以不敢宁居，悉索敝赋，以来会时事。逢执事之不闲，而未得见，又不获闻命，未知见时。不敢输币，亦不敢暴露。其输之，则君之府实也，非荐陈之，不敢输也。其暴露之，则恐燥湿之不时而朽蠹，以重敝邑之罪。侨闻文公之为盟主也，宫室卑庳[3]，无观台榭，以崇大诸侯之馆，馆如公寝；库厩缮修，司空以时平易道路，圬人以时塓馆宫室[4]；诸侯宾至，甸设庭燎[5]，仆人巡宫，车马有所，宾从有代，巾车脂辖[6]，隶人、牧、圉各瞻其事；百官之属，各展其物；公不留宾，而亦无废事；忧乐同之，事则巡之；教其不知，而恤其不足。宾至如归，无宁灾患？不畏寇盗，而亦不患燥湿。今铜鞮之宫数里[7]，而诸侯舍于隶人；门不容车，而不可逾越；盗贼公行，而天厉不戒[8]。宾见无时，命不可知。若又勿坏，是无所藏币以重罪也。敢请执事：将何以命之？虽君之有鲁丧，亦敝邑之忧也。若获荐币，修垣而行，君之惠也，敢惮勤劳！"文伯复命。赵文子曰："信。我实不德，而以隶人之垣以赢诸侯[9]，是吾罪也。"使士文伯谢不敏焉。

【注释】

〔1〕闬（hàn）闳：门。

〔2〕共：通"供"，供给。

〔3〕庳（bì）：意同"卑"，低矮。

〔4〕圬（wū）人：泥水匠。塓（mì）：抹墙。

〔5〕甸：官名，盖同《周礼》中的甸师，管理柴薪者。

〔6〕巾车：主管车乘之官。脂辖：给车轴上油。

〔7〕铜鞮（dī）之宫：晋离宫名，在今山西。

〔8〕天厉：指水潦等天灾。

〔9〕赢：这里犹言接待。

【译文】

鲁襄公去世的那一月，子产辅佐郑简公去晋国。晋平公因为鲁国有丧事，没有接见他们。子产让人把馆舍的围墙全部拆毁，让自己的车马进去。晋国的士文伯责怪他，说："我国由于政事和刑罚不够完善，盗贼充斥国内，无奈诸侯的下属辱临我国问候我的国君，所以派官吏修缮宾馆，大门造得高高的，围墙筑得厚厚的，以使宾客无须担忧。现在您拆毁了它，尽管您的随从能够戒备，可是别的宾客怎么办呢？因为敝国忝为盟主，故修缮馆舍，筑好围墙，以接待宾客；您把它们都毁掉，那我们怎样供应宾客的需要呢？寡君派匄前来请教。"

子产回答说："因为我国狭小，处在大国之间，大国责备索求没有固定的时候，因此不敢安居，搜罗我国的全部财物，前来贵国朝会。正遇上执事没有空闲，没能见到，又没有接到命令，不知道会见的日期。我们不敢献纳财物，也不敢露天放着。如果呈献上去，这些都是国君府库中的财物，不经过一定的荐陈仪式，不敢献纳。如果放在露天，又怕时而日晒时而雨淋而使东西腐烂生虫，从而加重我国的罪过。我听说晋文公做盟主的时候，宫室低矮促狭，没有可供观赏的台榭，却把接待诸侯的馆舍修得又高又大，馆舍好像晋君的寝宫一样；馆内的仓库、马房修缮完好，司空按时平整道路，泥水匠按时粉刷墙壁；诸侯的宾客到达，甸师点起火把照亮院子，仆人巡视馆舍，车马有一定的处所安置，宾客的随从有专人代替，巾车为车轴上油，隶人、牧、圉各自照管分内的事；百官陈列出招待宾客的礼品；文公不让宾客逗留耽搁，也没有失礼的事情；与宾客忧乐与共，有意外情况就加以安抚；有不知道的事情就加以教导，有缺乏的就给予周济照顾。宾客到来好像回到家里一样，难道还会有什么灾祸吗？不怕抢劫偷盗，也不担心日晒雨淋。现在晋君的铜鞮宫绵延数里，而诸侯的馆舍却像奴隶住的地方；大门进不去车子，又无法翻墙而入；盗贼明目张胆肆意横行，而且天灾也无法防备。接见宾客没有定时，召见宾客的命令也不知道什么时候发布。如果不拆毁围墙，就没有地方收藏贡赋而加重我们的罪过。谨此请教执事：您对我们将有什么指教？虽然君主遇到了鲁国的丧事，但这也是敝国感到的忧戚的事啊。如果能让我们献纳贡赋，我们愿把围墙修好再回国，这就是君王的恩惠了，哪里敢害怕辛劳呢？"士文伯复命。赵文子说："的确是这样。我们实在德行有缺，用奴隶似的住宅招待诸侯，这是我们的过错啊！"便派士文伯去赔礼道歉。

【原文】

晋侯见郑伯，有加礼，厚其宴好而归之。乃筑诸侯之馆。叔向曰："辞之不可以已也如是夫！子产有辞，诸侯赖之，若之何其释辞也？《诗》曰：'辞之辑矣，民之协矣；辞之绎矣，民之莫矣[1]。'其知之矣！"

……

子产之从政也，择能而使之：冯简子能断大事；子大叔美秀而文；公孙挥能知四国之为，而辨于其大夫之族姓、班位、贵贱、能否，而又善为辞令；裨谌能谋，谋于野则获，谋于邑则否。郑国将有诸侯之事，子产乃问四国之为于子羽，且使多为辞令；与裨谌乘以适野，使谋可否；而告冯简子使断之。事成，乃授子大叔使行之，以应对宾客。是以鲜有败事。北宫文子所谓有礼也。

【注释】

〔1〕"辞之辑矣"四句:见《诗经·大雅·板》。绎,通"怿",喜悦。

【译文】

晋平公接见郑简公,礼节特别隆重,设盛宴并赠以丰厚的礼物,然后让他们回去了。于是晋国修筑接待诸侯的馆舍。叔向说:"辞令不能废弃就像这样吧!子产善于辞令,诸侯因他而得利。为什么要放弃辞令呢?《诗经》说:'辞令和谐,百姓团结。辞令动听,百姓安定。'子产懂得其中的道理啊!"……

子产执掌政事,选择贤能的人来任用:冯简子能决断大事;子太叔仪表风度美好而精通典籍;公孙挥了解各国诸侯的政令,同时对各国大夫家族姓氏、官职爵位、地位尊卑、才能大小都能明辨,并且又善于辞令;裨谌能出谋划策,他在野外思考就能有正确的判断,但在城里思考就失当。郑国将要与诸侯交涉,子产就向子羽(即公孙挥)询问四方诸侯的国内动向,而且让他妥善地准备好外交辞令;和裨谌一起乘车到郊外,让他考虑是否可行;再把考虑的结果告诉冯简子,让他决断。计划完成后,就交给子太叔让他执行,同宾客交往应对。因此很少把事情办坏。这就是北宫文子所说的"合于礼"。

【原文】

郑人游于乡校,以论执政。然明谓子产曰:"毁乡校何如?"子产曰:"何为?夫人朝夕退而游焉,以议执政之善否。其所善者,吾则行之;其所恶者,吾则改之。是吾师也,若之何毁之?我闻忠善以损怨,不闻作威以防怨。岂不遽止?然犹防川：大决所犯，伤人必多，吾不克救也。不如小决使道，不如吾闻而药之也。"然明曰："蔑也今而后知吾子之信可事也。小人实不才，若果行此，其郑国实赖之，岂唯二三臣？"

仲尼闻是语也，曰："以是观之，人谓子产不仁，吾不信也！"

【译文】

郑国人在乡校游乐，议论执政者的得失。然明对子产说："毁掉乡校，怎么样？"子产说："为什么要毁乡校？人们早晚做完事情到那里游乐，并议论执政者的得失。他们认为好的，我就推行它；他们不赞成的，我就改正。他们是我的老师，为什么要毁掉它呢？我听说用忠善之行可以减少怨恨，没有听说用威势压人来防止怨恨。难道用强硬手段就能把众人的嘴巴立刻堵住？可是就像防止河水决口一样，如果冲开大口子，伤害的人一定很多，我就无法挽救了。不如开个小口子加以疏导，不如让我听到把它作为治病的药石。"然明说："我从今以后知道您确实可以成就大事了。小人实在没有才能，如果真按您的想法去做，整个郑国就有了可靠的保障，岂止我们几个大臣得到好处呢？"

孔子后来听说了这些话，说："从这件事看来，有人说子产不仁，我不相信啊！"

【原文】

子皮欲使尹何为邑。子产曰："少，未知可否。"子皮曰："愿[1]，吾爱之，不吾叛也。使夫往而学焉，夫亦愈知治矣。"子产曰："不可。人之爱人，求利之也。今吾子爱人则以政，犹未能操刀而使割也，其伤实多。子之爱人，伤之而已，其谁敢求爱于子？子于郑国，栋也，栋折榱崩[2]，侨将厌焉[3],敢不尽言?子有美锦,不使人学制焉。大官、大邑,身之所庇也,而使学者制焉,其为美锦不亦多乎?侨闻学而后入政,未闻以政学者也。若果行此,必有所害。譬如田猎,射御贯,则能获禽,若未尝登车射御,则败绩厌覆是惧,何暇思获?"子皮曰:"善哉!虎不敏。吾闻君子务知大者、远者,小人务知小者、近者。我,小人也。衣服附在吾身,我知而慎之,大官、大邑所以庇身也,我远而慢之。微子之言[4],吾不知也。他日我曰:子为郑国,我为吾家,以庇焉,其可也。今而后知不足。自今请,虽吾家,听子而行。"子产曰:"人心之不同如其面焉,吾岂敢谓子面如吾面乎?抑心所谓危,亦以告也。"子皮以为忠,故委政焉,子产是以能为郑国。

【注释】

〔1〕愿:忠厚。

〔2〕榱(cuī):屋椽。

〔3〕厌:同"压"。

〔4〕微:无。

【译文】

子皮想让尹何做宰邑,子产说:"尹何太年轻,不知道行不行。"子皮说:"他为人忠厚,我喜欢他,他不会背叛我的。让他去学习一下,他就进一步懂得怎么治理封邑了。"子产说:"不行。别人喜欢一个人,总是考虑对那个人有利。现在您喜欢一个人却将政事交给他,就像一个人还不会拿刀子却让他去切东西,那对他的伤害一定会很大。您喜欢一个人,不过是伤害他罢了,那么谁还敢求取您的喜欢呢?您对于郑国,好比栋梁,如果栋梁折断,椽子就会崩塌,我将会被压在底下,怎么敢不把话全部说出来呢?您有漂亮的织锦,是不会让别人拿来学习裁剪的。

重要的官职、大的封邑，是您身家性命的庇护，反而让人学习着治理，它与美丽的织锦比不是重要得多吗？我听说学习以后才参与政务，没有听说通过做官来学习的。如果这样做，必定有害处。好比打猎，射箭、驾车熟练，就能获取禽兽，如果没有驾过车、射过箭，那他一心害怕车辆翻覆人被碾压，哪里有空想着猎取野物呢？"子皮说："说得好啊！我真是考虑不周。我听说君子致力于重大、长远的事情，小人只知道小的、眼前的事情。我是一个目光短浅的小人啊。衣服穿在我身上，我知道慎重地对待它；重要官职和大的封邑是用来庇护自身的，我反而疏忽轻视它。没有您的这番话，我还不知道其中的道理呢。从前我说过：您治理郑国，我管理我的家族，让我有所依托庇护，这就可以了。从今开始我才知道不够。从现在起我请求，即使是我家族的事情，也听凭您的意见去做。"子产说："人心不相同，好像人的面孔各不相同一样。我哪里敢说您的面孔跟我的一样呢？不过心里觉得这样做危险，就告诉您了。"子皮认为子产忠诚，所以把政事全部托付给他，子产因此能够治理郑国。

【原文】

郑子产有疾，谓子大叔曰："我死，子必为政。唯有德者能以宽服民，其次莫如猛。夫火烈，民望而畏之，故鲜死焉；水懦弱，民狎而玩之，则多死焉。故宽难。"疾数月而卒。

大叔为政，不忍猛而宽。郑国多盗，取人于萑苻之泽。大叔悔之，曰："吾早从夫子，不及此。"兴徒兵以攻萑苻之盗，尽杀之，盗少止。

【译文】

郑国的子产有病，对子太叔说："我死以后，你必定执政。只有有德行的人能够用宽大来使百姓服从，其次就不如用严厉的政策。火势猛烈,百姓看着就害怕,所以很少有人死于火;水性柔弱,百姓轻慢并玩弄它,很多人就死在水中。所以实行宽政很难。"子产病了几个月后就去世了。

太叔执政,不忍行严厉之政而奉行宽大政策。郑国盗贼很多,大部分聚集在萑苻泽里。太叔很后悔,说:"我早点听从子产的话,就不至于到这一步。"于是他发动步兵攻打萑苻泽里的盗贼,把他们全部杀死,其余地方的盗贼才稍有收敛。

【原文】

仲尼曰:"善哉!政宽则民慢,慢则纠之以猛。猛则民残,残则施之以宽。宽以济猛,猛以济宽,政是以和。《诗》曰:'民亦劳止,汔可小康;惠此中国,以绥四方[1]。'施之以宽也。'毋从诡随,以谨无良;式遏寇虐,惨不畏明。'纠之以猛也。'柔远能迩,以定我王。'平之以和也。又曰:'不竞不絿,不刚不柔,布政优优,百禄是遒[2]。'和之至也。"

及子产卒,仲尼闻之,出涕曰:"古之遗爱也。"

【注释】

[1]"民亦"四句:诗见《诗经·大雅·民劳》。意为百姓也太劳苦了,该让他们稍享安乐;施惠中原之民,安抚四方各国。汔,庶几,差不多。

[2]"不竞"四句:诗见《诗经·商颂·长发》。意为不逞强不迎合,不刚猛不柔弱,推行政令从容宽和,各种福禄由是而聚。竞,强也。絿,亦作"求",迎合。

【译文】

孔子说:"子产的话讲得真好啊!政事宽大,百姓就会怠慢，怠慢了就用严厉来纠正。政策严厉，百姓就受到伤害，受到伤害后就实施宽政。用宽大调节严厉，用严厉调节宽大，政事因此调和。《诗经》说：'百姓也太劳苦了，该让他们稍享安乐；施惠中原之民，安抚四方各国。'这说的是实施宽和的政策。'不要放纵小恶，以约束不良之人；应当制止侵夺暴虐的人，他们从来不怕法度。'这是说用严厉来纠正。'安抚边远，柔服近处，来安定我王。'这是说用和来使国家安定。又说：'不逞强不迎合，不刚猛不柔弱，推行政令从容宽和，各种福禄由是而聚。'这是和谐达到了顶峰。"

等到子产去世，孔子听到消息，流着眼泪说："他具有古人仁爱的遗风啊。"

晏婴叔向论齐晋季世

【原文】

齐侯使晏婴请继室于晋。……

既成昏[1],晏子受礼,叔向从之宴,相与语。叔向曰:"齐其何如?"晏子曰:"此季世也,吾弗知齐其为陈氏矣。公弃其民,而归于陈氏。齐旧四量:豆、区、釜、钟。四升为豆,各自其四,以登于釜;釜十则钟。陈氏三量皆登一焉[2],钟乃大矣。以家量贷,而以公量收之。山木如市,弗加于山;鱼盐蜃蛤,弗加于海。民参其力[3],二入于公,而衣食其一。公聚朽蠹,而三老冻馁[4];国之诸市,屦贱踊贵[5]。民人痛疾,而或燠休之[6],其爱之如父母,而归之如流水,欲无获民,将焉辟之[7]?箕伯、直柄、虞遂、伯戏[8],其相胡公、大姬已在齐矣[9]!"

叔向曰:"然。虽吾公室,今亦季世也。戎马不驾,卿无军行,公乘无人,卒列无长。庶民罢敝[10],而宫室滋侈;道殣相望,而女富溢尤[11]。民闻公命,如逃寇仇。栾、郤、胥、原、狐、续、庆、伯降在皂隶[12],政在家门,民无所依。君日不悛,以乐慆忧。公室之卑,其何日之有?《谗鼎之铭》曰[13]:'昧旦丕显[14],后世犹怠。'况日不悛,其能久乎?"晏子曰:"子将若何?"叔向曰:"晋之公族尽矣。

肸闻之[15]：公室将卑，其宗族枝叶先落，则公从之。肸之宗十一族，唯羊舌氏在而已。肸又无子，公室无度，幸而得死，岂其获祀？"

【注释】

〔1〕昏：通"婚"。

〔2〕登一：加一。

〔3〕参：通"叁"。

〔4〕三老：老年而致仕者。

〔5〕踊：受刖刑人所穿的特制的鞋子。

〔6〕燠（yù）休：抚慰病痛者的声音。

〔7〕辟：通"避"。

〔8〕箕伯、直柄、虞遂、伯戏：四人皆舜的后代，陈氏祖先。

〔9〕胡公：为上述所言四人后代，陈始封之君。大姬：胡公之妃。

〔10〕罢：通"疲"。

〔11〕女：宠嬖之家。

〔12〕"栾、郤"句：句中所言八家皆晋国旧贵族。

〔13〕谗鼎：鼎名。春秋鲁国的青铜礼器。

〔14〕丕：大。

〔15〕肸：阳舌肸，叔向名。

【译文】

（鲁昭公三年）齐景公派晏婴到晋国，请求晋君再娶齐国女子作继室。……

订婚以后，晏婴接受晋国的宴飨宾客之礼，叔向和他饮宴，互相谈话。叔向说："齐国怎么样啊？"晏婴说："已经到了末世了，我不知道齐国什么时候将属于陈氏了。国君抛弃他的百姓，让他们归附于陈氏。齐国本来有四种量器：豆、区、釜、钟。四升为一豆,四豆为一区,四区为一釜;十釜就是一钟。陈氏有三种量器,他们的豆、区、釜都加大一成,钟的量就大了。他们用私家的大量器借出去,却用公家的小量器收回来。山上的木材运到市场,价钱不比山上高;鱼、盐、蜃、蛤运到市场,价钱不比海边高。百姓的劳力一分为三,两份归于国家,只有一份用来维持生计。

晏婴

国库里堆积的财物腐烂生虫,而三老却挨饿受冻;国都的各个市场,鞋子贱而踊贵。百姓有痛苦疾病,陈氏去慰问资助;他们爱护百姓如同父母爱子女,百姓归附他们好像流水,想要不得到百姓的拥护,哪里能避开呢?箕伯、直柄、虞遂、伯戏,他们的神灵早已跟随胡公、太姬到齐国了!"

叔向说:"是的。即使是晋国的公室,现在也到了末世了。战马不驾战车,卿不统领军队,公室的战车没有驭手和车右,步兵的行列没有得力的长官。百姓疲惫不堪,而宫室却更加奢侈;饿死在路上的人一个接一个可以看得见,而宠嬖之家却更加富足。百姓听到国君的命令,好像逃避仇敌一样。栾、郤、胥、原、狐、续、庆、伯八大氏族地位下降,与贱吏同列,国政掌握在大夫手中,百姓无所依靠。国君一天天不肯改悔,用淫乐来逃避忧患。公室卑弱到如此地步,还能有多少时光?谗鼎上的铭文说:'黎明即起勤于政事功业显赫,子孙后代还会懈怠。'何况天天都不肯悔改,能够维持长久吗?"晏婴说:"您打算怎么办?"叔向说:"晋国的公族凋零殆尽了。我听说了这样的话:公室将要卑弱,它的宗族像树的枝叶一样先凋落,那么公室就跟着零落了。我这一宗共十一族,只有羊舌氏还存在罢了。我又没有有才干的儿子,公室没有法度,我能得到善终就算万幸了,难道还指望能得到祭祀吗?"

伍员奔吴

【原文】

楚子之在蔡也,郹阳封人之女奔之[1],生大子建。及即位,使伍奢为之师,费无极为少师,无宠焉,欲谮诸王,曰:"建可室矣。"王为之聘于秦,无极与逆,劝王取之。正月,楚夫人嬴氏至自秦。

……

楚子为舟师以伐濮。费无极言于楚子曰:"晋之伯也,迩于诸夏,而楚辟陋,故弗能与争。若大城城父[2],而置大子焉,以通北方,王收南方,是得天下也。"王说,从之。故大子建居于城父。

令尹子瑕聘于秦,拜夫人也。

【注释】

[1] 郹(jú)阳:蔡邑,在今河南新蔡。
[2] 城父:同此名者有二。此为楚城父,在今河南襄城西南。

【译文】

楚平王在蔡国的时候,郹阳封人的女儿私奔到他那里,生了太子建。等楚平王即位，派伍奢做太子建的师傅，费无极做少师。费无极不受宠信，想要在楚平王面前陷害太子，说："太子建可以娶妻了。"楚平王为太子在秦国行聘，派费无极同往迎亲。费无极劝楚平王自己娶这个秦女。（鲁昭公十九年春）正月，楚平王夫人嬴氏从秦国来到楚国。

……

楚平王发动水军以攻打濮地。费无极对楚平王说："晋国之所以称霸诸侯，是由于接近中原诸国，而楚国处在偏僻之地，所以不能和它争夺。如果扩大城父的城墙，而把太子安置在那里，用来和北方通好，君王收服南方，就可以得到天下。"楚平王很高兴，听从了他的话。所以太子建就住到城父。

令尹子瑕到秦国聘问，是为了拜谢秦夫人嫁到楚国。

【原文】

费无极言于楚子曰："建与伍奢将以方城之外叛，自以为犹宋、郑也，齐、晋又交辅之，将以害楚，其事集矣。"王信之，问伍奢。伍奢对曰："君一过多矣，何信于谗？"王执伍奢。使城父司马奋扬杀大子。未至，而使遣之。三月，大子建奔宋。王召奋扬，奋扬使城父人执己以至。王曰："言出于余口，入于尔耳，谁告建也？"对曰："臣告之。君王命臣曰：'事建如事余。'臣不佞，不能苟贰。奉初以还，不忍后命，故遣之。既而悔之，亦无及已。"王曰："而敢来，何也？"对曰："使而失命，召而不来，是再奸也。逃无所入。"王曰："归，从政如他日。"

【译文】

（鲁昭公二十年春）费无极对楚平王说："太子建和伍奢

打算领着方城以北地区的人叛乱，自以为如同宋国、郑国一样，齐国、晋国又一起辅助他们，将会危害楚国，这事快成功了。"楚平王相信了，就质问伍奢。伍奢回答说："君王有一次过错已经很严重了，为什么还听信谗言？"楚平王逮捕了伍奢，派城父司马奋扬去杀太子建。奋扬还没有到达，先派人通知太子逃走。三月，太子建逃亡到宋国。楚平王召回奋扬，奋扬让城父大夫把自己押到郢都。楚平王说："话从我的嘴里说出去，进入你的耳朵，是谁告诉太子建的？"奋扬回答说："下臣告诉他的。君王命令下臣说：'侍奉建要像侍奉我一样。'下臣不才，不能有二心。奉了起初的命令去对待太子，就不忍心执行您后来的命令，所以让他逃走了。不久我感到后悔也来不及了。"楚平王说："你敢回来，为什么？"奋扬回答说："接受使命而没有完成，召见我再不回来，就是再次违抗命令，而且也无处可逃。"楚平王说："你回城父吧！还像过去一样履行职务。"

【原文】

无极曰："奢之子材，若在吴，必忧楚国，盍以免其父召之。彼仁，必来。不然，将为患。"王使召之，曰："来，吾免而父。"棠君尚谓其弟员曰："尔适吴，我将归死。吾知不逮，我能死，尔能报。闻免父之命，不可以莫之奔也；亲戚为戮，不可以莫之报也。奔死免父，孝也；度功而行，仁也；择任而往，知也；知死不辟，勇也。父不可弃，名不可废，尔其勉之！相从为

伍子胥

愈。"伍尚归。奢闻员不来,曰:"楚君、大夫其旴食乎!"楚人皆杀之。

员如吴,言伐楚之利于州于。公子光曰:"是宗为戮,而欲反其仇,不可从也。"员曰:"彼将有他志,余姑为之求士,而鄙以待之。"乃见鱄设诸焉,而耕于鄙。

【译文】

费无极说:"伍奢的儿子都有才能,如果到吴国,一定会成为楚国的忧患,何不用赦免他们父亲的名义召回他们。他们仁爱,一定会回来。不这样,将要成为祸患。"楚平王派人召他们,说:"回来吧,我赦免你们的父亲。"棠邑大夫伍尚对弟弟伍员说:"你去吴国吧,我打算回去受死。我的才智不如你,我能受死,你能够报仇。听到赦免父亲的命令,不能没人回去;亲人被杀戮,不能没人报仇。奔向死亡而使父亲赦免,这是孝;估计功效而后行动,这是仁;选择合适的任务而前往,这是智;明知要死而不躲避,这是勇。父亲不能丢弃,名誉不能废弃,你好好努力吧!希望你听我的话。"伍尚回去了。伍奢听说伍员不回来,说:"楚国的国君、大夫恐怕吃不好饭了。"楚国人把伍奢、伍尚父子都杀了。

伍员逃到吴国,向州于说明攻打楚国的好处。公子光说:"这个人的家族被杀戮,他想报私仇,不能听他的。"伍员说:"公子光将有异志。我姑且为他寻求勇士,而在郊外等着他。"于是就向他推荐了鱄设诸,自己在郊外耕地。

晏婴论"和"与"同"

【原文】

齐侯至自田,晏子侍于遄台[1],子犹驰而造焉。公曰:"唯据与我和夫!"晏子对曰:"据亦同也,焉得为和?"公曰:"和与同异乎?"对曰:"异,和如羹焉,水、火、醯、醢、盐、梅,以烹鱼肉,燀之以薪,宰夫和之,齐之以味,济其不及,以泄其过。君子食之,以平其心。君臣亦然。君所谓可而有否焉,臣献其否以成其可,君所谓否而有可焉,臣献其可以去其否,是以政平而不干,民无争心。故《诗》曰:'亦有和羹,既戒既平。鬷嘏无言,时靡有争[2]。'先王之济五味、和五声也,以平其心,成其政也。声亦如味,一气[3],二体[4],三类[5],四物[6],五声[7],六律[8],七音[9],八风[10],九歌[11],以相成也;清浊、小大、短长、疾徐、哀乐、刚柔、迟速、高下、出入、周疏,以相济也。君子听之,以平其心。心平,德和。故《诗》曰:'德音不瑕。'今据不然。君所谓可,据亦曰可;君所谓否,据亦曰否。若以水济水,谁能食之?若琴瑟之专一,谁能听之?同之不可也如是。"

【注释】

[1] 遄台:台名,在山东临淄附近。

〔2〕"亦有和羹"四句：见《诗经·商颂·烈祖》。亦有调好之羹汤，既齐备又滋味适中，进献给来享之神灵而无所指责，此时上下皆能和好无争。戒，作"备"解。鬷（zōng），同"奏"，进也。嘏，今作"假"。

〔3〕一气：声音由气动而发生。

〔4〕二体：乐声发出伴有乐舞。舞有文舞，执羽籥；武舞，执干戚，称二体。又说乐有阴阳刚柔二体。

〔5〕三类：指《诗经》之风、雅、颂。

〔6〕四物：乐器由金石、丝竹、匏土、革木制成，这些为四方所产，非出一地，故称四物。

〔7〕五声：宫、商、角、徵、羽。

〔8〕六律：黄钟、太蔟、姑洗、蕤宾、夷则、无射。

〔9〕七音：五音外加变宫、变徵二音。

〔10〕八风：八方之风。

〔11〕九歌：六府三事为九功，歌颂九功为九歌。六府为水、木、火、金、土、谷；三事为正德、利用、厚生。

【译文】

齐景公从打猎的地方回来，晏婴在遄台随侍，子犹（即梁丘据）驱车前来。齐景公说："唯有梁丘据跟我和谐啊！"晏婴回答说："梁丘据也只不过同而已，哪里说得上和？"齐景公说："和跟同不一样吗？"晏婴回答说："不一样。和好像做羹汤，用水、火、醋、酱、盐、梅来烹调鱼和肉，用柴火烧煮，厨师加以调和，使味道适中，味道太淡就增加调料，味道太浓就冲淡。君子喝了汤后，内心平静。君臣之间也是这样。国君所认为可行而其中也有不可行之处，臣下就指出不可行之处，而使可行的部分更加完善。国君所认为不可行而其中也有可行之处，臣下就肯定其可行的部分而去掉其不可行的部分。因此政事平和而不违背礼制，百姓就没有争夺之心。所以《诗经》说：'亦有调好的羹汤，既齐备又滋味适中，进献给神灵而无所指责，此时上下皆能和好无争。'先王调匀五味、谐和五声，是用来平静他的内心，助成政事的。声音也像味道一样，是由一气、二体、三类、四物、五声、六律、七音、八风、九歌相互组成的；是由清浊、大小、短长、缓急、哀乐、刚柔、快慢、高低、出入、疏密相互调节的。君子听了，内心平静。内心平静，德行就和谐。所以《诗经》说：'德音没有瑕疵。'现在梁丘据却不是这样。国君认为行的，他也认为行；国君认为不行的，他也认为不行。如果用清水去调剂清水，谁能吃得下去呢？如果琴瑟只有一个音调，谁能听得下去呢？不应该相同的道理也如同这样。"

鱄设诸刺吴王僚

【原文】

吴子欲因楚丧而伐之，使公子掩馀、公子烛庸帅师围潜[1]。使延州来季子聘于上国[2]，遂聘于晋，以观诸侯。……

吴公子光曰："此时也，弗可失也。"告鱄设诸曰："上国有言曰：'不索，何获？'我，王嗣也，吾欲求之。事若克，季子虽至，不吾废也。"鱄设诸曰："王可弑也。母老、子弱，是无若我何？"光曰："我，尔身也。"

夏四月，光伏甲于堀室而享王[3]。王使甲坐于道及其门。门、阶、户、席，皆王亲也，夹之以铍[4]。羞者献体改服于门外。执羞者坐行而入[5]，执铍者夹承之，及体，以相授也。光伪足疾，入于堀室。鱄设诸置剑于鱼中以进，抽剑刺王，铍交于胸，遂弑王。阖庐以其子为卿。

【注释】

[1] 潜：地名，在今安徽霍山东北。
[2] 上国：吴对中原诸国的尊称。
[3] 堀室：地下室。
[4] 铍（pī）：兵器的一种，双刃，与剑相似。
[5] 坐行：膝行，跪在地上以双膝而行。

【译文】

吴王僚(即州于)想借楚国丧事的机会讨伐它,派公子掩馀、公子烛庸率军队包围潜地。派延州来季子到中原各国聘问,先到晋国聘问,以观察诸侯的情况。……

吴国公子光说:"这是机会啊,不可以失去!"告诉鱄设诸说:"中原国家有这样的话:'不去索取,哪能得到?'我是王位的继承人,我想得到它。事情如果成功,季子即便回来,也不能废弃我。"鱄设诸说:"我是可以杀掉吴王僚。但我母亲年迈,儿子年幼,要是我死了,他们怎么办?"公子光说:"我就是你。"

(鲁昭公二十七年)夏季四月,公子光在地下室埋伏甲士而设宴款待吴王僚。吴王僚派甲士遍布道路两旁,一直到公子光家门口。大门、台阶、内室门、酒席边,都是吴王僚的亲兵,手持铍守卫在吴王僚两边。进献食物的人要在门外脱光衣服改穿别的衣服。端食物的人膝行而入,持铍的人两边夹着他过去,铍尖都快抵到他的身体,然后把食物递给侍者。公子光假装脚有病痛,进入地下室。鱄设诸把剑藏在鱼肚子里然后进入宴庭,抽出剑猛刺吴王僚,自己也被两旁的铍交叉刺入胸膛,在这种情况下还是刺死了吴王僚。阖庐(即公子光)让鱄设诸的儿子做了卿。

鱄设诸刺吴王僚

申包胥如秦乞师

【原文】

初,伍员与申包胥友。其亡也,谓申包胥曰:"我必复楚国。"申包胥曰:"勉之!子能复之,我必能兴之。"及昭王在随,申包胥如秦乞师,曰:"吴为封豕、长蛇[1],以荐食上国。虐始于楚。寡君失守社稷,越在草莽,使下臣告急,曰:'夷德无厌,若邻于君,疆埸之患也[2]。逮吴之未定,君其取分焉。若楚之遂亡,君之土也。若以君灵抚之,世以事君。'"秦伯使辞焉,曰:"寡人闻命矣。子姑就馆,将图而告。"对曰:"寡君越在草莽,未获所伏,下臣何敢即安?"立,依于庭墙而哭,日夜不绝声,勺饮不入口七日。秦哀公为之赋《无衣》。九顿首而坐。秦师乃出。

【注释】

[1]封豕、长蛇:又作"封豨修蛇",即大野猪、大蟒蛇,传说是古代为害于民之怪物。

[1]疆埸(yì):国界。

【译文】

当初,伍员和申包胥是朋友。伍员逃亡的时候,对申包胥说:"我一定要颠覆楚国。"申包胥说:"努力吧!你能颠覆楚国,我一定能复兴楚国。"等到楚昭王在随地避难,申包胥就到秦国去请求出兵,说:"吴国如同大猪、长蛇,一再吞食中原国家,危害从楚国开始。我们的国君失守国家,流亡杂草丛林之中,派下臣报告急难,说:'夷人的本性是贪得无厌,如果吴国成为秦君的邻国,就将是秦国边境的祸患。趁吴国还没有平定楚国,秦君可以前来分割。要是楚国就此灭亡,这里就是秦君的土地了。如果以秦君的威灵镇抚楚国,楚国将世世代代侍奉秦君。'"秦哀公派人致谢申包胥,说:"寡人听到您的指示了,您姑且在馆舍休息,我们商量一下再答复您。"申包胥回答说:"我们国君逃亡到杂草丛林之中,还没有得到安身的地方,下臣哪敢去安逸的地方休息呢?"申包胥靠着院墙站着号啕大哭,日夜哭声不断,七天没喝一勺水。秦哀公为他赋了《无衣》这首诗。申包胥叩头九次,然后坐下。秦军于是出动。

齐鲁夹谷之会

【原文】

十年春,及齐平。

夏,公会齐侯于祝其,实夹谷,孔丘相。犁弥言于齐侯曰:"孔丘知礼而无勇,若使莱人以兵劫鲁侯[1],必得志焉。"齐侯从之。孔丘以公退,曰:"士兵之!两君合好,而裔夷之俘以兵乱之,非齐君所以命诸侯也。裔不谋夏,夷不乱华,俘不干盟,兵不逼好。于神为不祥,于德为愆义,于人为失礼,君必不然。"齐侯闻之,遽辟之。

将盟,齐人加于载书曰:"齐师出竟而不以甲车三百乘从我者,有如此盟!"孔丘使兹无还揖对,曰:"而不反我汶阳之田,吾以共命者,亦如之。"

齐侯将享公。孔丘谓梁丘据曰:"齐、鲁之故,吾子何不闻焉?事既成矣,而又享之,是勤执事也。且牺、象不出门[2],嘉乐不野合[3]。飨而既具,是弃礼也。若其不具,用秕稗也[4]。用秕稗,君辱;弃礼,名恶。子盍图之!夫享,所以昭德也。不昭,不如其已也。"乃不果享。

齐人来归郓、讙、龟阴之田。

【注释】

〔1〕莱：莱夷，原在今胶东半岛一带，后为齐所灭，被迁徙至今山东莱芜一带，夹谷之会，当在此地。

〔2〕牺、象：贵重酒器，其形如牛如象，盛大宴会时所用之器。

〔3〕嘉乐不野合：钟磬之类乐器不在野外合奏。

〔4〕用秕稗：比喻享礼而不尽备牺象嘉乐，如用秕稗冒充嘉谷。秕，谷物不成者。稗，稗草种子。

【译文】

鲁定公十年春季，鲁国和齐国讲和。

夏季，鲁定公在祝其会见齐景公，祝其也就是夹谷。孔丘任相礼。犁弥对齐景公说："孔丘懂得礼而缺乏勇，如果派莱人用武力劫持鲁公，一定可以如愿以偿。"齐景公同意了。孔丘带着鲁定公退会，喊道："士兵拿起武器攻上去！两国的国君友好会见，而边远的东夷俘虏用武力来捣乱，这不是齐国国君用来命令诸侯的办法。边远地区的人不可能图谋中原，夷人不可能搅乱华人，俘虏不可能侵犯盟会，武力不可能逼迫友好。这些对于神明来说是不吉祥的，对于德行来说是丧失道义的，对于人来说是丢弃礼仪的，齐君必定不会这样做。"齐景公听了以后，赶紧让莱地人撤下。

将要盟誓，齐国人在盟书上加了一句话说："如果齐军出境，而鲁国不派三百辆甲车

孔丘

跟随他们的话,有盟誓为证!"孔丘让兹无还作揖回答说:"如果你们不归还我们汶阳的田地,让我们用来供应齐国的需要,也有盟誓为证!"

齐景公准备设享礼款待鲁定公。孔丘对梁丘据说:"齐国、鲁国过去的惯例,您怎么没有听说呢?盟会已经结束,而又设享礼,这是徒然烦劳执事。而且牺尊、象尊不出国门,钟磬不在野外合奏。设享礼而全部具备这些东西,这是不合礼法。如果不具备,那就像秕谷、稗草一样轻率。用秕谷、稗草,这是国君的耻辱;不合礼法,就名声不好。您何不考虑一下呢!享礼,是用来宣扬德行的。不能宣扬德行,就不如不举行。"于是最终没有设享礼。

齐国派人前来鲁国归还郓地、谨地、龟阴三处田地。

伍员谏许越平

【原文】

吴王夫差败越于夫椒[1]，报槜李也。遂入越。越子以甲楯五千保于会稽[2]，使大夫种因吴大宰嚭以行成。吴子将许之，伍员曰："不可。臣闻之：'树德莫如滋[3]，去疾莫如尽。'昔有过浇杀斟灌以伐斟鄩，灭夏后相，后缗方娠，逃出自窦，归于有仍[4]，生少康焉。为仍牧正[5]，惎浇能戒之[6]。浇使椒求之，逃奔有虞，为之庖正[7]，以除其害。虞思于是妻之以二姚，而邑诸纶，有田一成，有众一旅。能布其德，而兆其谋，以收夏众，抚其官职，使女艾谍浇，使季杼诱豷。遂灭过、戈，复禹之绩，祀夏配天，不失旧物。今吴不如过，而越大于少康，或将丰之，不亦难乎！句践能亲而务施，施不失人，亲不弃劳。与我同壤，而世为仇雠，于是乎克而弗取，将又存之，违天而长寇仇，后虽悔之，不可食已。姬之衰也，日可俟也。介在蛮夷，而长寇仇，以是求伯，必不行矣。"弗听。退而告人曰："越十年生聚，而十年教训，二十年之外，吴其为沼乎！"三月，越及吴平。

【注释】

[1]夫椒：越地，在今浙江绍兴西北。

〔2〕会（kuài）稽：指会稽山，在今浙江绍兴。

〔3〕滋：培植。

〔4〕有仍：部落名，为后缗之娘家。

〔5〕牧正：管理畜牧之官员。

〔6〕恷（jì）：忌恨，怨恨。

〔7〕庖正：掌管君主宫廷饮食之官。

【译文】

　　吴王夫差在夫椒打败越军，报了在欈李之役战败之仇，接着就趁势进入越国。越王带着披甲持盾的士兵五千人踞守在会稽山，派大夫文种通过吴国太宰伯嚭向吴国求和。吴王打算答应。伍员说："不行。下臣听说：'建树德行最好不断培植，去除毒害最好铲除干净。'从前过国的国君浇灭了斟灌而攻打斟鄩，灭亡了夏后相，后缗正怀着孕，从城墙的小洞逃出去，回到娘家有仍国，生了少康。少康后来在有仍国做了牧正，对浇满怀仇恨而能警惕戒备。浇派椒寻找少康。少康逃奔到有虞国，做了庖正，才逃避浇的杀害。虞思因此把两个女儿嫁给了他，封他在纶邑，

拥有田地一成，部众一旅。少康能广施恩德，并开始实施复国计划。他收集夏族的余部，安抚其官员，派遣女艾到浇那里去做间谍，派季杼去引诱浇的弟弟豷。这样就灭亡了过国、戈国，复兴了禹的事业，奉祀夏朝的祖先并祭祀天帝，恢复了夏朝的典章制度。现在吴国不如过国，而越国比少康强大，要是与越国讲和而使它壮大，吴国就将难以制服它！勾践能亲近百姓而致力于施舍，善施则得民心，亲民则百姓愿为之效劳。越国和我国土地相连，而又世世代代是仇敌。在这种情况下如果我们战胜越国而不灭亡它，打算继续让它存在下去，这是违背天意而助长仇敌，以后即使后悔，也无法消除祸患了。姬姓的衰亡，指日可待。我国介于蛮夷之间，而助长仇敌的发展，以此来求取霸业，必然是行不通的。"吴王夫差不听。伍员退下去告诉别人说："越国用十年时间繁衍聚积，用十年时间教育训练，二十年以后，吴国恐怕要成为污池了。"三月，越国和吴国讲和。

楚白公之难

【原文】

楚大子建之遇谗也，自城父奔宋；又辟华氏之乱于郑。郑人甚善之。又适晋，与晋人谋袭郑，乃求复焉。郑人复之如初。晋人使谍于子木，请行而期焉。子木暴虐于其私邑，邑人诉之，郑人省之，得晋谍焉，遂杀子木。

【译文】

楚国太子建遭到诬陷时，从城父逃亡到宋国，又去郑国躲避宋国华氏之乱。郑国人待他很好。又到晋国，和晋国人策划袭击郑国，为此要求再回到郑国。郑国人待他像以前一样。晋国人派间谍和太子建（即子木）联系，临回晋国时商定袭击郑国的日期。太子建在他的封邑里表现暴虐，封邑里的人告发他。郑国人来查问，抓获晋国的间谍，于是就杀死了太子建。

【原文】

其子曰胜，在吴，子西欲召之。叶公曰："吾闻胜也诈而乱，无乃害乎？"子西曰："吾闻胜也信而勇，不为不利。舍诸边竟，使卫藩焉。"叶公曰："周仁之谓信，率义之谓勇。吾闻胜也好复言，而求死士，殆有私乎！复言，非信也；期死，非勇也。子必悔之。"弗从。召之，使处吴竟，为白公。

【译文】

太子建的儿子名叫胜，逃难在吴国，子西想召他回国。叶公说："我听说胜这个人狡诈而好作乱，恐怕会成为祸害吧？"子西说："我听说胜这个人讲信用而勇敢，不做不利的事情。把他安置在边境上，让他保卫边疆。"叶公说："亲近仁爱叫作诚信，遵循道义叫作勇敢。我听说胜这个人务求实践诺言，而又遍求不怕死的勇士，大概是有私心吧！不管是否合理都要实践，这不是诚信；不管什么事情都不怕死，这不是勇敢。您一定会后悔的。"子西不听，把胜召回来，让他住在楚国和吴国接壤的地方，号为白公。

【原文】

请伐郑，子西曰："楚未节也[1]，不然，吾不忘也。"他日，又请，许之。未起师，晋人伐郑，楚救之，与之盟。胜怒，曰："郑人在此，仇不远矣。"

【注释】

〔1〕楚未节：言楚国新复，还未恢复正常秩序。

【译文】

胜请求攻打郑国，子西说："楚国还未恢复正常秩序。不是这样的话，我是不会忘记太子建之仇的。"过了些时候，胜又请求，子西同意了。还没有出兵，晋国攻打郑国，楚国却救援郑国，并和郑国结盟。白公胜发怒，说："郑国人在这里，仇人离我不远了。"

【原文】

胜自厉剑，子期之子平见之，曰："王孙何自厉也？"曰："胜以直闻，不告女，庸为直乎？将以杀尔父。"平以告子西。子西曰："胜如卵，余翼而长之。楚国，第我死，令尹、司马非胜而谁？"

胜闻之，曰："令尹之狂也！得死，乃非我。"子西不悛[1]。胜谓石乞曰："王与二卿士，皆五百人当之，则可矣。"乞曰："不可得也。"曰："市南有熊宜僚者，若得之，可以当五百人矣。"乃从白公而见之，与之言，说。告之故，辞。承之以剑，不动。胜曰："不为利谄，不为威惕，不泄人言以求媚者，去之。"

【注释】

〔1〕悛：觉察。

【译文】

白公胜亲自磨剑，子期的儿子平见到了，说："您为什么亲自磨剑呢？"他说："我是以爽直著称的，不告诉你，哪里能算得上直爽呢？我要用这把剑杀死你父亲。"平把这些话报告给子西。子西说："胜就像鸟蛋，在我覆翼下长大的。在楚国，只要我死了，令尹、司马，不是胜还会是谁？"

胜听了子西的话，说："令尹真狂妄啊！他要能善终，我就不是我。"子西还是没有觉察。胜对石乞说："楚王和子西、子期两位卿士，一共用五百个人对付就行了。"石乞说："这五百个人是找不到的。"胜又说："市场的南边有个叫熊宜僚的，如果找到他，可以抵五百个人。"石乞就跟着白公胜去见熊宜僚，和他交谈，很投机，把找他的目的告诉了熊宜僚，熊宜僚拒绝了。石乞把剑直指他的喉咙，他仍然不为所动。白公胜说："这是不为利诱、不怕威胁、不泄露别人的话去讨好人的人，让他离开这里吧。"

【原文】

吴人伐慎[1]，白公败之。请以战备献，许之。遂作乱。秋七月，杀子西、子期于朝，而劫惠王。子西以袂掩面而死。子期曰："昔者吾以力事君，不可以弗终。"抉豫章以杀人而后死[2]。石乞曰："焚库、弑王。不然，不济。"白公曰："不可。弑王不祥，焚库，无聚，将何以守矣？"乞曰："有楚国而治其民，以敬事神，可以得祥；且有聚矣，何患？"弗从。

【注释】

〔1〕慎：古地名，在今安徽颍上。
〔2〕抉：拔取。豫章：樟木。

【译文】

吴国人攻打慎地，白公胜打败了他们。白公胜请求把战利品进献给楚惠王，楚惠王同意了。白公胜就趁机发动叛乱。（鲁哀公十六年）秋七月，在朝廷上杀了子西、子期，并且劫持楚惠王。子西用衣袖遮着脸死去。子期说："过去我用勇力侍奉君王，不能有始无终。"拔起一棵樟木打死人，然后自己也死去。石乞说："焚烧府库，杀死君王。不这样，事情不能成功。"白公胜说："不行，杀死君王不吉祥，烧掉府库就没有了积蓄，将要用什么来保有楚国？"石乞说："有了楚国而治理百姓，用恭敬来侍奉神灵，就能得到吉祥；而且还会有积蓄，怕什么？"白公胜不肯听从。

【原文】

叶公在蔡，方城之外皆曰："可以入矣。"子高曰："吾闻之，以险侥幸者，其求无餍，偏重必离。"闻其杀齐管修也，而后入。

白公欲以子闾为王，子闾不可，遂劫以兵。子闾曰："王孙若安靖楚国，匡正王室，而后庇焉，启之愿也，敢不听从？若将专利以倾王室，不顾楚国，有死不能。"遂杀之，而以王如高府，石乞尹门。圉公阳穴宫，负王以如昭夫人之宫。

【译文】

叶公住在蔡地，方城以外的人都说："可以进兵国都平乱了。"叶公说："我听说，通过冒险而侥幸成功的人，他的欲望不会满足，办事不公平，百姓必然离心。"听到白公胜杀了齐国的管修，然后才进入郢都。

白公胜想要让子闾做楚王，子闾不答应，白公胜就用武力劫持他。子闾说："您如果安定楚国，整顿王室，然后对我加以庇护，这是我的愿望，岂敢不听从？如果要专牟私利来倾覆王室，置国家于不顾，那么我宁死不从。"白公胜就杀了子闾，带着楚惠王去高府，石乞把守宫门。圉公阳在宫墙上挖开一个洞，背着惠王逃到昭夫人的宫中。

【原文】

叶公亦至，及北门，或遇之，曰："君胡不胄？国人望君如望慈父母焉。盗贼之矢若伤君，是绝民望也，若之何不胄？"乃胄而进。又遇一人曰："君胡胄？国人望君如望岁焉，日日以几[1]。若见君面，是得艾也[2]。民知不死，其亦夫有奋心[3]，犹将旌君以徇于国，而又掩面以绝民望，不亦甚乎！"乃免胄而进。遇箴尹固帅其属，将与白公。子高曰："微二子者，楚不国矣。弃德从贼，其可保乎？"乃从叶公。使与国人以攻白公，白公奔山而缢。其徒微之[4]。生拘石乞而问白公之死焉。对曰："余知其死所，而长者使余勿言。"曰："不言将烹。"乞曰："此事克则为卿，不克则烹，固其所也，何害？"乃烹石乞。王孙燕奔頯黄氏[5]。

沈诸梁兼二事，国宁，乃使宁为令尹，使宽为司马，而老于叶。

【注释】

［1］几：同"冀"，期望。
［2］艾：安心。
［3］奋心：奋战之心。
［4］微之：藏匿白公尸体。
［5］頯黄氏：吴国地名，在今安徽宣城。

【译文】

叶公也赶到了，在北门有人遇见他，说："您为什么不戴上头盔？国人盼望您好像盼望慈爱的父母，盗贼的箭如果射伤您，这就断绝了百姓的希望，为什么不戴上头盔？"叶公就戴上头盔继续前行。又遇到一个人说："您为什么戴上头盔？国人盼望您好像盼望一年的收成，天天期望，如果见到您的面，就能安心了。百姓知道不至于再有生命危险，人人有奋战之心，还打算打着您的旗号在都城里巡行，但是您又把脸遮起来使百姓断绝希望，不太过分了吗？"叶公就脱下头盔行进。遇到箴尹固率领他的部下，准备去帮助白公胜。叶公说："如果没有子西、子期这两人，楚国就不存在了。你抛弃德行而跟从盗贼，难道能够有保障吗？"箴尹固就跟随叶公。叶公派他和国人一起攻打白公胜。白公胜逃到山上自缢而死，他的部下把尸体藏起来。叶公的人活捉石乞而追问白公胜尸体的下落。石乞回答说："我知道他的尸体在哪里，但是白公让我不要说。"叶公说："不说就烹了你。"石乞说："这件事成功了就是卿，不成功就被烹，本来就是这样的结果，有什么妨碍？"于是就烹了石乞。王孙燕逃亡到頯黄氏。

叶公便自己身兼令尹、司马二职，国家安定以后，就让宁做令尹，宽做司马，自己退休，在叶地养老。